AF336687

NOUVEAU PLAN

D'ADMINISTRATION

DE

LA JUSTICE CIVILE,

DANS LEQUEL

On propose des moyens d'assurer au mérite seul tous les Offices ou Places de Judicature, d'accélérer le Jugement des Procès, & d'en diminuer les frais.

A PARIS,

Chez **CAILLEAU**, Imprimeur-Libraire, rue Galande, N°. 64.

1782.

AVANT-PROPOS.

RIEN de plus important, & en même tems de plus négligé que l'Adminiſtration de la Juſtice. Auſſi eſt-il peu d'abus auſſi énormes & auſſi difficiles à réformer que ceux qu'elle préſente. A cet égard on pourroit comparer la France à Promethée, dont un Vautour impitoyable déchire les entrailles; mais du moins, ſans doute, elle n'eſt point deſtinée, comme lui, à ne renaître que pour être dévorée. Son état actuel n'eſt point ſa nature; ce n'eſt qu'une maladie invétérée, ſi l'on veut, mais qui n'eſt pas incurable. Pour la guérir il faut, je l'avoue, un Médecin fort expérimenté; mais l'humble Berger, errant ſur les montagnes, ne peut-il pas y avoir découvert quelques ſimples ſalutaires dont une main plus habile ſaura exprimer les ſucs bienfaiſants & les appliquer à la plaie?

C'eſt ce qui me détermine à oſer préſenter un nouveau plan d'Adminiſtration de la Juſtice. Beaucoup de Citoyens y retrouveront peut-être leurs propres idées; mais qu'ils ne m'accuſent point de larcin. Si ces idées ſont à eux, je puis auſſi les réclamer; & nous les devons ſans doute, eux & moi, à l'amour de la Patrie qui nous les a inſpirées. Qu'au lieu de me reprocher un plagiat, ils me regardent plutôt comme un fidèle Compatriote, qui joint ſon ſuffrage au leur, comme un de leurs plus zélés partiſans, qui réunit ses foibles efforts pour entraîner le baffin où sont placées leurs opinions. il ne s'agit point d'être auteur, il s'agit d'être Citoyen, & je me flatte de l'être; voilà tous mes titres, tous mes droits, toute ma miffion.

Tel est maintenant l'état des chofes, qu'il est impoffible de faire le bien, même le plus léger, fans faire en même tems beaucoup de mal. Je ne ferai probablement aucun bien, mais au moins ai-je defiré faire beaucoup de bien; & par conféquent fi je ne suis pas l'auteur involontaire, au moins suis-je le confeiller de beaucoup de mal. Beaucoup de perfonnes auront donc lieu de fe plaindre de moi. Mais que ces perfonnes daignent confidérer que les abus que je propofe de réformer, font portés à leur comble, que depuis très-longtems ils excitent l'indignation publique, que toute la France en follicite vivement la fuppreffion, & que, tout bien combiné, cet ouvrage est peut-être celui où l'on s'efforce de nuire le moins à ces Citoyens malheureufement trop accoutumés à regarder comme un patrimoine facré qu'ils doivent tranfmettre à leurs enfans, ce qui n'est qu'un bien odieufement ufurpé.

Qu'ils fachent, ces Citoyens un peu trop égoïftes, qu'ils fachent que je n'ai pas plus d'indulgence pour moi que pour eux, & que peut-être il n'est perfonne à qui l'exécution des plans que je propofe doivent être plus funefte qu'à moi-même. S'ils font fuivis, je perds mon état, & que me refte t-il? L'efpérance d'en obtenir un nouveau, (qui ne fera guere lucratif,) par la voie du concours; moi, victime jufqu'à ce jour d'une timidité exceffive; moi, à qui la nature opiniâtre refufe conftamment, malgré tous mes efforts, l'avantage inappréciable de m'exprimer avec facilité ; moi, que trahit sans cesse une mémoire infidèle ; moi, enfin, qui moins que personne puis me flatter de triompher dans un combat, qui, selon mon projet, doit se livrer avec le plus grand éclat, & sous les yeux d'un public nombreux. Mais n'importe : pourvu que le spectacle révoltant de l'ignorance & du vice triomphans ne frappe plus mes yeux ; pourvu que les talens ne soient plus à la chaîne ou enfouis dans l'oubli ; pourvu qu'on ne soit plus forcé de ramper pour s'elever ; pourvu que sans fortune, sans naissance, sans protection, l'on puisse parvenir à toutes les places dont on sera digne ; pourvu que plaider & se ruiner ne soient plus synonymes ; pourvu que le nom sacré de la justice ne glace plus d'épouvante ceux qui l'entendront prononcer ; enfin, pourvu que la Patrie soit fidèlement servie par les plus dignes de ses enfans, je coulerai des jours heureux, quelque humble que soit la place que j'occuperai. La fortune m'est indifférente, & si je suis sensible à quelque gloire, c'est à celle d'avoir bien fait, ou du moins d'avoir voulu bien faire.

Cette fortune qui ne m'a jamais secondé, que ne m'a-t-elle favorisé ! Réformateur austere, & en même tems Citoyen sensible, ma bourse répareroit les maux que feroit ma plume, & les abus disparoîtroient sans qu'il en coûtât une larme à personne.

Puissent des sentimens entierement stériles chez moi se communiquer à ceux qui peuvent les éprouver utilement pour leurs Concitoyens ! Puissent les François régénérés présenter à l'Univers étonné

le fpectacle inoui d'un Peuple de freres tendrement
unis!

Comme je n'afpire point à la gloire de décla-
mateur, j'ai eu foin de retrancher ce qui pouvoit
être l'effet d'une premiere effervefcence ; fi néanmoins cet ouvrage contenoit encore quelques ex-
preffions un peu dures, qu'on daigne les attribuer
à l'indignation qu'infpire néceffairement à toute
ame fenfible & honnête la vue de prévarications
multipliées & d'abus révoltans.

NOUVEAU

NOUVEAU PLAN

D'ADMINISTRATION

DE

LA JUSTICE CIVILE.

***

CHAPITRE PRÉLIMINAIRE.

De l'Administration de la Justice, en général.

LORSQUE les Hommes, ou les Familles, se sont réunis & ont formé des Sociétés, leur objet sans doute a été de diminuer leurs peines & d'augmenter leur bonheur. Ils avoient remarqué que ce qu'un seul individu ne pouvoit faire, quels que fussent ses efforts, deux le faisoient facilement, &

ils en auront conjecturé que peut-être rien re leur feroit impoſſible ſi tous joignoient enſemble leurs forces. Ils auront donc cherché à ſe réunir en grand nombre ; mais une fois réunis, ils n'auront pas tardé à s'appercevoir que chacun d'eux portoit en lui le germe d'une diviſion funeſte. Après avoir reconnu plus d'une fois les triſtes effets de cette diviſion, ils auront réſolu de la faire ceſſer en s'enchaînant en quelque forte les uns les autres par des conventions qu'ils auront juré d'obſerver, & de ſe faire obſerver les uns aux autres.

Te le aura été l'origine des Loix Civiles.

Lorſque quelqu'un aura contrevenu aux conven‑tions communes, la victime ou le témoin de la contravention en aura inſtruit la Société. Auſſi-tôt elle ſe ſera aſſemblée. On aura entendu le plaignant ou le délateur, l'accuſé ſe ſera défendu (d'abord peut être, pendant quelque tems la Société trop facile à ſe prévenir aura condamné l'Accuſé ſans l'entendre) & enſuite la Société aura jugé.

Il y a lieu de croire que ç'aura été le plus ancien qui aura opiné le premier, & comme il ſera ſouvent arrivé que le reſte de la Société aura été de l'avis de l'ancien, convaincue de ſa prudence, la Société, d'ailleurs peut-être trop ſouvent interrompue par les conteſtations de ſes Membres, aura confié à l'ancien le ſoin de les juger toutes, ou du moins les plus ordinaires.

De là l'établiſſement d'un Tribunal permanent.

La Société s'étant prodigieuſement augmentée, ſes poſſeſſions s'étendant fort loin, & ne voulant point cependant perdre, en ſe diviſant, les avanta‑ges de la réunion, elle aura voulu former un tout compoſé de diverſes parties, dont chacune fut elle-

même un tout. Dans chaque division un Tribunal
aura donc été établi pour connoître des contestations qui s'élèveroient dans cette Division ou Province ; mais, pour conserver l'unité, la connoissance
des contestations légères aura seule été accordée à
ces nouveaux Tribunaux, ou peut-être aura - t - il
été permis d'y porter toutes sortes de différends,
mais à condition que si le jugement qui intervien-
droit déplaisoit à l'une des Parties, elle pourroit
aller s'en plaindre au Tribunal primitif.

De là l'origine des Tribunaux de première instance, & de ceux d'appel ou dernier ressort.

Cependant, la Société devient un vaste Empire
auquel sont incorporés vingt Peuples vaincus qui
avoient leurs Loix & leurs Tribunaux particuliers.
Supposons que les vainqueurs laissent aux vaincus
leurs Loix, & cependant que ces vainqueurs conser-
vent les leurs.

Peu à peu toute différence entre les vainqueurs
& les vaincus s'éclipse ; les Loix des uns & des autres
se confondent. Mais parmi un peuple si nombreux,
& qui a tant de Loix diverses, les contestations se
multiplient à l'infini. Bientôt de nouveaux établis-
semens font naître de nouvelles espèces de contestations. Pour les régler, il faut des Loix particulières
qui n'ont point ou qui n'ont que fort peu de relation
avec les Loix qui existoient déja, & qui par conséquent semblent demander une étude particulière.
D'ailleurs, les Tribunaux qui connoissoient des
anciennes espèces de contestations, en sont sur-
chargés. Il faut donc, pour les nouvelles, créer de
nouveaux Tribunaux.

De là l'établissement des Tribunaux d'exception.

Enfin des considérations personnelles font créer

de nouveaux Tribunaux où des citoyens privilégiés font autorifés à porter les conteftations qui s'élèvent entre eux & les autres citoyens.

Et telle eft l'origine des Tribunaux d'évocation.

Les trois * fortes de Tribunaux dont on vient de parler exiftent en France. On fe plaint de leur établiffement, & l'on veut introduire un changement à cet égard dans l'adminiftration de la Juftice. On fe plaint auffi de la manière dont fe fait l'inftruction des procès, & l'on defire également que cette inftruction foit réformée.

Voyons combien de fortes de Tribunaux il eft néceffaire d'établir en France, au lieu de ceux qui y exiftent actuellement, & de quelle manière la Juftice doit être adminiftrée dans chacun de ces nouveaux Tribunaux.

Les conteftations qui s'élèvent entre les citoyens, peuvent fe divifer en deux claffes; les unes font relatives à l'adminiftration politique, les autres à l'adminiftration civile.

La claffe des conteftations relatives à l'adminiftration civile étant extrêmement étendue, il eft à propos de la fubdivifer au moins en deux autres claffes; la première contiendra les conteftations qui s'élèvent entre les citoyens ordinaires, & la feconde celles qui naiffent entre les Commerçans.

D'après ces diftinctions, il femble néceffaire d'établir d'abord trois fortes de Jurifdictions, favoir :

Les Jurifdictions Politiques ou Municipales, qui connoîtront de la Police * *, de la perception des

---

* On ne parle point ici des Juftices Seigneuriales, parce qu'elles font un démembrement des Jurifdictions Royales, plutôt qu'une efpèce de Jurifdiction différente.

* * Ce mot doit être pris dans le fens le plus étendu.

impôts, de l'adminiftration de tout ce qui appartiendra au public, & de tout ce qui fera relatif à ces
trois fortes d'objets, tant au civil qu'au criminel.

Les Jurifdiɛtions Jurales, proprement dites, ou
fi l'on veut, Royales, qui prononceront fur tout ce
qui fera relatif aux fucceffions, à l'exécution des
contrats faits entre particuliers, & aux délits commis dans l'intérieur des maifons.

Les Jurifdiɛtions Commerçales, où fe portera
tout ce qui fera relatif au Commerce, tant au civil
qu'au criminel.

L'erreur eft le trifte apanage de l'humanité, &
les Juges n'en font point exempts. Il faut donc,
après qu'ils ont prononcé fur une conteftation, que
la Partie qui fe trouve léfée par leur jugement, ait
la faculté de s'adreffer à d'autres Juges, & de leur
prouver, fi elle le peut, que les premiers fe font
trompés. Mais la décifion des feconds Juges doit
être refpeɛté & irrévocable, (fi ce n'eft dans des
cas fort rares) parce que connoiffant le premier
jugement qui a été rendu, & les moyens propofés
tant pour que contre ce jugement, il y a lieu de
préfumer que la vérité n'a pu leur échapper. Car il
eft rare que ce qui n'a pu être apperçu lors du premier examen, ne fe découvre pas dans un fecond,
& fi l'erreur eft difficile à prévenir, au moins eft-
elle facile à reconnoître lorfqu'elle eft commife.

D'ailleurs il faut qu'il y ait un terme au procès &
il n'y en auroit jamais, fi l'on vouloit fatisfaire l'humeur proceffive de certains plaideurs qui fubiroient
cent degrés de jurisdiɛtion, fi l'on vouloit en établir
cent.

Ainfi, & ce fera fans-doute l'avis de tout le

monde, il ne faut établir que deux degrés de jurifdiction.

Il eſt des cas peu importans où il ne paroît point
y avoir d'inconvénient que le premier jugement
ſoit auſſi le dernier. Ainſi que les Tribunaux de
première inſtance jugent en dernier reſſort, toutes
les conteſtations où il ne s'agira pas d'un objet ex-
cédant ſix cens livres, & lorſque la valeur de cet
objet ne ſurpaſſera pas la ſomme de 1200 liv., que
le jugement ſoit exécuté par proviſion.

On trouvera peut-être trop peu conſidérable la
ſomme de 600 liv.; mais j'obſerverai que ſuivant
le plan que je propoſe, les juſticiables devant très-
rarement être éloignés de plus de 20 à 25 lieues du
Tribunal ſupérieur, il n'y a aucun inconvénient à
ne point excéder cette ſomme.

Voici maintenant de quelle manière il me ſemble
qu'on pourroit diſtribuer les divers Tribunaux que
je propoſe d'établir.

On formeroit d'abord de Paris & ſa banlieue,
priſe deux lieues à la ronde, une Province.

On partageroit enſuite la France, ſans y com-
prendre l'Ile de Corſe & les Colonies, en 20 provinces égales, en raiſon compoſée du nombre des
habitans & de l'étendue du ſol. Cette diſtribution
ne ſeroit point irrévocable, & la Nation la chan-
geroit, lorſque la population d'un pays éprouve-
roit quelque changement.

Dans la Capitale de chacune de ces 21 Provinces,
c'eſt-à dire dans la ville qui ſe trouveroit approcher
le plus du milieu de la Province, on établiroit trois
Cours ſouveraines, ſavoir la Commiſſion intermédiaire des Etats Provinciaux, la Cour de juſtice

proprement dite ou Cour du Roi, & la Chambre souveraine du Commerce.

Chaque Province contiendrait à-peu près un million d'habitans. Ensuite on partageroit chaque Province en dix départemens égaux, en raison composée du nombre des habitans & du sol ; ainsi chaque département renfermeroit à-peu-près cent mille habitans.

Dans la principale ville ou le principal lieu, & autant que faire se pourroit, au centre du département, on établiroit 1°. une grande municipalité, dont les jugemens ressortiroient à la commission intermédiaire des Etats de la Province, & qui seroit pour le département tout ce que cette commission seroit pour la Province ; 2°. un Bailliage ressortissant à la Cour de justice ou du Roi ; 3°. une jurisdiction consulaire ou commerçale, dont les appels seroient portés à la Chambre souveraine du Commerce.

On objecte qu'il est à propos que les affaires majeures, relatives au commerce, soient portées par appel des Consuls, devant des Juges gradués, c'est-à-dire devant les Cours que j'appelle de justice. Mais si ces causes sont de nature à ne pouvoir être bien jugées que par des Juges gradués, pourquoi, dès la première instance, ne les porte-t-on pas devant des Juges gradués ? D'ailleurs, qui est ce qui ne connoît pas la science merveilleuse, incompréhensible de nos gradués actuels ? Qui est-ce qui n'aimeroit pas beaucoup mieux être jugé par un commerçant intelligent que par ces illustres gradués ?

Au reste ce que je propose ici intéresse directement & particulièrement les commerçans ; ainsi ce sont eux qu'il faut consulter à cet égard, & non pas les gens de loi qui toujours voudront attirer à eux ce qui eft du reffort des jurisdictions confulaires ; & l'on devine bien pourquoi.

L'Ifle de Corfe & les diverfes Colonies forme-roient chacune des Provinces, dans la Capitale def-quelles ont établiroit les trois Cours dont il eft parlé ci-deffus, & on partageroit ces Provinces en autant de départemens qu'il feroit néceffaire.

La jurifdiction prife en général, fe divife en ju-rifdiction gracieufe & jurifdiction contentieufe.

On pourroit attribuer tout ce qui concerne la ju-risdiction gracieufe à des efpèces de Tribunaux qu'on établiroit dans chaque Paroiffe & qu'on appel-leroit petites municipalités. On pourroit auffi au-torifer ces petites municipalités à juger en premier & dernier reffort & fans frais, les conteftations de toute efpèce dont l'objet n'excéderoit pas 12 l. dans les campagnes & 24. liv dans les villes, à connoître des rixes furvenues dans les rues ou les champs, des petits vols de fruits & autres légers délits, & à ftatuer auffi, mais feulement provifoirement, fur ce qui requerroit une très-grande célérité, fauf aux parties à fe pourvoir fur le fond devant les Tri-bunaux qui en devroient connnoître.

L'inftruction dans les jurisdictions Municipales & commerçales fe feroit fommairement (à-peu-près comme elle fe fait actuellement aux Confuls). Quant aux Tribunaux de Juftice proprement dits, on pro-pofera un plan fort fimple de procédure, & l'on peut affurer que s'il eft fuivi, les procès coûteront dix fois moins, & feront jugés dix fois plus promp-tement.

Outre les Tribunaux dont on vient de parler,

il semble néceſſaire d'en établir encore quelques autres, ainſi qu'on va le faire voir.

Le vœu général de tous les citoyens paroît être que les Tribunaux de première inſtance puiſſent juger en dernier reſſort les conteſtations dont l'objet n'excédera pas une certaine ſomme. Mais lorſqu'une des Parties aura interjetté appel d'un de ces jugemens en dernier reſſort, en la Cour de Juſtice, qu'arrivera-t-il ? Ce qui arrive actuellement. Des gens de Loi intéreſſés à faire recevoir l'appel, le feront admettre. Pour prévenir cet inconvénient, il faudroit établir, comme on avoit fait autrefois, un ou pluſieurs Tribunaux qui n'aient uniquement droit que d'examiner ſi le Bailliage a pu ou non juger en dernier reſſort, & qui ne puiſſent jamais prononcer ſur le fond de la conteſtation.

N'établir pour cet effet qu'un ſeul Tribunal, ce feroit contrarier le projet de rapprocher les Juſticiables de leurs Juges. Créer un Tribunal de cette eſpèce dans chaque Province, ce feroit furcharger l'État de trop de dépenſes. On pourroit donc former trois ou quatre Tribunaux qu'on diſtribueroit dans la France de manière qu'ils fuſſent à-peu-près au centre de leur territoire.

Comme ces trois ou quatre Tribunaux auroient fort peu d'occupation, on pourroit leur attribuer en premier & dernier reſſort la connoiſſance des matières bénéficiales qui s'en vont s'éteignant chaque jour, & qui ſelon toute apparence, ne donneront pas lieu long-tems à des conteſtations.

Ces Tribunaux pourroient auſſi connoître des demandes en contrariété d'Arrêts intervenus dans diverſes Cours entre les mêmes Parties.

Enfin, ſi la voie de la caſſation continue d'être

ouverte, lorqu'un Arrêt de Cour de Justice auroit été cassé par le Conseil de Sa Majesté, on pourroit renvoyer les Parties procéder sur le fond devant celui de ces Tribunaux dans le territoire duquel se trouveroit la Cour de Justice dont l'Arrêt auroit été cassé.

Au-dessus des Cours de Justice & des Chambres du Commerce, il me semble qu'il doit exister un Tribunal Suprême qui puisse casser leurs jugemens, lorsqu'elles se feront écartées des formes prescrites, ou que ces jugemens contiendront une injustice évidente. Dans le premier cas, ce Tribunal doit renvoyer la connoissance du fond à un autre Tribunal; dans le second cas, le renvoi paroît inutile; mais en prononçant sur le fond, il semble qu'il devroit infliger une peine aux Juges injustes ou ignorans qui l'ont rendu.

Telles sont les idées générales qu'on a cru pouvoir proposer sur l'Administration de la Justice: on va présenter à cet égard un projet de Réglement.

ARTICLE PREMIER.

Que l'intérieur du Royaume soit partagé en vingt-une Provinces égales, en raison composée du nombre des habitans & de l'étendue du sol, & que dans la Capitale de chacune de ces Provinces soient établies la Commission Intermédiaire des États de ladite Province, une Cour de Justice & une Chambre Souveraine du Commerce.

ART. II.

Que chaque Province soit partagée en dix Départemens égaux, en raison composée du nombre des Habitans & de l'étendue du sol, & que, dans chaque département, soient établis une Grande Municipalité, un Bailliage & une Jurisdiction Consulaire.

Dans les pays peu commerçans on pourroit établir un moindre nombre de Jurisdictions Consulaires, & alors une de ces Jurisdictions pourroit renfermer dans son territoire plusieurs Districts.

En formant de Paris & de sa banlieue, prise deux lieues à la ronde, une Province, cette Province se trouvera encore être la plus considérable du Royaume. Quel inconvénient y auroit-il donc d'y pratiquer ce qu'on propose pour les autres Provinces ? Le Châtelet de Paris est surchargé d'affaires : on y sollicite l'Audience pendant un an, & quelquefois plus. On en peut dire presque autant des autres Tribunaux de cette Ville immense. Quand il y auroit quatre Bailliages, autant de grandes Municipalités & de Jurisdictions Consulaires pour la Ville seule & les fauxbourgs, qui est-ce qui auroit lieu de s'en plaindre ? Quelques gens de Loi, peut-être ; mais environ un million de citoyens en seroient satisfaits. Les Tribunaux sont - ils donc établis pour les Gens de Loi ? N'est-ce pas au contraire pour le Public que les Tribunaux & les Gens de Loi eux-mêmes existent ? Que l'on considère donc qu'en suivant notre plan, le territoire de chacun de ces Tribunaux contiendroit près de deux cens cinquante mille personnes, dont l'intérêt sans doute est bien préférable à celui de quinze ou vingt personnes de Loi qui accaparent toutes les affaires, & ne laissent qu'une frivole espérance à leurs Confrères. Alors l'occupation se trouveroit un peu mieux distribuée, & le talent seroit bien moins étouffé. Cette dernière raison doit déterminer à placer les quatre Tribunaux dans quatre quartiers différens. Alors ce ne seront plus cinq ou six Avocats qui plaideront toutes les Causes, & une foule de talens ensevelis auront l'occasion de paroître & de se développer. Parmi les Avocats, les Procureurs, en est - il un vingtième qui soit d'un avis opposé à celui qu'on vient de proposer. Les accaparemens détruisent tout, même le génie. Croiroit-on qu'il y a des gens qui se procurent de la célébrité parmi les Gens de Lettres, aux dépens d'Auteurs pauvres dont ils achettent les Ouvrages à vil prix ?

Art. III.

Que les Tribunaux de première inftance puiffent juger en dernier reffort les conteftations dont l'objet n'excédera pas fix cens livres, foit qu'il s'agiffe de retrait lignager, réméré ou autres matières. Lorfque la valeur de cet objet furpaffera fix cens livres, que leurs jugemens s'exécutent par provifion jufqu'à concurrence de la fomme de 1200 liv., nonobftant l'appel, & fans y préjudicier, en donnant bonne & fuffifante caution.

Art. IV,

Que dans toutes Jurifdictions quelconques, tout foit jugé publiquement en quelque matière que ce foit, à moins qu'il ne s'agiffe de féparation de corps & d'habitation, & que les *deux* époux ne demandent à être jugés à huis clos ; que les Juges opinent & faffent leur rapport à haute voix, en préfence des Parties ou de leurs Défenfeurs, & même du Public, & que les motifs du jugement foient exprimés dans la Sentence ou Arrêt.

Cette difpofition déplaira fans doute à beaucoup de Magif-trats qui fe font érigés en defpotes, & qui s'imaginent que leur volonté fuprême doit tenir lieu de Loi. Mais les Magif-trats fenfés, qui favent qu'ils ne font que les organes & les interprètes de la Loi, & qui ne cherchent qu'à s'y conformer & en préfenter le véritable fens, accepteront volontiers cette oc-cafion de fignaler leurs lumières & leur intégrité, aux yeux de leurs concitoyens.

Art. V.

Que dans les Grandes Municipalités & les Com-

miſſions Intermédiaires des États-Provinciaux, dans
les Juriſdictions Conſulaires & les Chambres Souveraines du Commerce les Cauſes & Procès ſoient
jugés ſommairement & ſans autres frais que ceux
de voyage & ſéjour; & qu'en conſéquence les Parties puiſſent y parler & écrire elles mêmes, ou y
faire parler & écrire qui bon leur ſemblera, & que
les Sentences & Arrêts ſoient délivrés en Minute,
& ſur papier ou parchemin non timbré (en cas que
le timbre continue d'avoir lieu).

Art. VI.

Que les Grandes Municipalités connoiſſent, à la
charge de l'appel aux Commiſſions Intermédiaires
des États Provinciaux, de tout ce qui concerne la
Police, la Voierie, l'Adminiſtration des Domaines
publics (ſi l'on juge à propos d'en conſerver), des
Hôpitaux & autres Établiſſemens publics, l'ap-
proviſionnement des lieux ſitués dans leur reſſort,
la perception des impôts, les crimes & délits commis hors l'enceinte des maiſons, la réviſion des taxes
de dépens faits dans les Tribunaux de Juſtice proprement dits, & en général des vacations des diverſes perſonnes dont le miniſtère ſera néceſſaire
dans quelques circonſtances que ce ſoit, tels que
Experts, Médecins, Chirurgiens, &c.

Les frais de Juſtice, les Honoraires ou vacations des perſonnes dont on eſt forcé en quelque ſorte d'employer le miniſtère,
peuvent être conſidérés comme de véritables impôts qui pourroient devenir fort onéreux, ſi la perception n'en étoit ſurveillée
par des Repréſentans des citoyens, tels que ſeront effectivement les Membres des Municipalités & des Commiſſions In-

termédiaires. On sent bien que l'article qu'on vient de proposer déplaira à plusieurs personnes ; mais si l'on y réfléchit attentivement, on reconnoîtra que l'exécution parfaite des diverses
dispositions de cet article préviendroit bien des briganlages
& des vexations, & préserveroit même les Citoyens de toute
oppression.

Cet Article n'est que le sommaire d'un Chapitre que l'on
proposera lorsqu'on traitera spécialement des Jurisdictions Municipales.

A R T. V I I.

Que les Bailliages connoissent à la charge de
l'appel aux Cours Souveraines de Justice, pour le
contentieux seulement, de tout ce qui sera relatif
aux successions, à l'exécution des testamens &
contrats, & à la recherche & punition des crimes
& délits commis dans l'intérieur des maisons.

Ce sont là les seuls objets dont la connoissance semble devoir
être réservée à des Juges qui aient fait une étude particulière
du Droit : Droit qu'il me semble possible de simplifier à tel
point, que le nombre des procès se trouve réduit au quart de ce
qu'il est actuellement.

A R T. V I I I.

Que les jurisdictions consulaires, connoissent, à la
charge de l'appel aux Chambres souveraines du
Commerce, de toutes contestations qui s'éleveront
entre Marchands, pour le fait du Commerce dont
ils se mêlent, de l'exécution des lettres-de-change
& billets à ordre souscrits ou endossés par des Marchands mineurs, de 25 ans, & *par toute sorte de personnes âgées de 25 ans accomplis*, de l'homologa-
tion des contrats d'atttermoiement de personnes
quelconques, des contrats d'union entre créanciers

de

de perfonnes quelconques , & généralement de
tout ce qui concerne les directions , ordres , collo-
cations, diftributions de deniers & autres opérations
relatives , fauf aux Juges de ces Jurisdictions à renvoyer les parties pardevant des Avocats , pour
avoir leur avis , ou même pardevant les Tribunaux
de juftice ; de la pourfuite & punition des banque-
routiers frauduleux ; des féparations de biens entre
époux , marchands , négocians ou banquiers.

Voilà encore un Article qui déplaira à des Gens de Loi , &
que peut être approuveront tous les autres Citoyens, & fur-tout
les Négocians. Quand un Réglement plaît aux Jufticiables , &
déplaît à des Gens de Loi , que doit-on penfer de ce Réglement.

A r t. I X.

Que dans chaque Paroiffe de campagne & dans
chaque quartier de ville , foit établie une petite municipalité qui connoîtra fommairement & fans frais,
& en premier & dernier reffort, entre perfonnes
domiciliées ou réfidentes , dans le reffort de ladite
municipalité , ou qui confentiront d'y procéder de
toutes conteftations quelconques, dont l'objet n'excédera pas 12 liv. dans les campagnes, & 24 liv.
dans les villes ; que lefdites petites municipalités
puiffent, lorfque toutes les parties intéreffées y
confentiront, connoître de toutes fortes de conteftations fommairement & fans frais , & à la charge
de l'appel en celle des trois Cours fouveraines , qui
fera compétente. Que ces petites municipalités
puiffent auffi ftatuer provifoirement & fans frais,
fur ce qui requerra une très grande célérité, fauf aux
parties à fe pourvoir fur le fond devant le Tribunal

B

compétent. Enfin qu'aux Membres de ces petites municipalités appartienne dans tous les cas, l'exercice de la jurisdiction gracieuse & volontaire.

Un Locataire éménage sans payer ; une partie de la digue d'un moulin vient d'être emportée, & le reste le sera bientôt si l'on n'y remédie promptement. Mille autres accidens semblables surviennent. N'est-il pas intéressant de pouvoir recourir à l'instant même à l'autorité de la Justice, & en obtenir une décision provisoire qui ne peut nuire à personne ? Que d'embarras on éprouve maintenant dans de pareilles circonstances ! Que de frais même ne faut-il pas faire pour parvenir à obtenir un Jugement provisoire ?

A r t. X.

Que les Magistrats qui exerceront dans les trois Cours les fonctions du Ministère public, se réunissent en nombre égal une fois par mois, au parquet des Gens du Roi de la Cour de justice, pour régler les conflits de jurisdiction qui s'éleveront entre elles ou les tribunaux qui en dépendront.

A r t. X I.

Qu'il soit établi dans le Royaume trois ou même quatre Cours souveraines pour connoître si les contestations ont pu être jugées en dernier ressort dans les Tribunaux du premier dégré, (c'est-à-dire dans les grandes Municipalités , Bailliages & jurisdictions consulaires. Que les demandes en contrariété d'arrêts rendus entre les mêmes parties, sur la même cause, en différentes Cours de Justice ou Chambres souveraines du Commerce, soient portées devant celle de ces trois (ou quatre) Cours.

ſouveraines, dans le reſſort de laquelle ſera ſitué le
Tribunal qui aura rendu le dernier arrêt. Que tout
ce qui concerne les matières bénéficiales ſoit porté
dans ces Cours pour y être jugé en premier & dernier reſſort ; & lorſqu'un arrêt de Cour ſouveraine
de juſtice ou de Chambre ſouveraine du commerce aura été caſſé, que le fond de la conteſtation ſoit renvoyé en celle de ces trois (ou quatre)
Cours, qui ſera la plus voiſine de la Cour, dont
ſera émané l'Arrêt caſſé, à moins cependant que
toutes les parties intéreſſées ne demandent à être
renvoyées en un autre Tribunal ſupérieur.

A R T. X I I.

Que les offices de Conſeillers des Tribunaux inférieurs ne puiſſent être exercés que par des Citoyens âgés de 25 ans accomplis, & ceux des Tribunaux ſupérieurs, par des Citoyens, âgés de
30 ans accomplis ; & que jamais il ne puiſſe être
accordé de diſpenſe d'âge pour quelque cauſe que
ce ſoit.

Si l'on accorde une diſpenſe à quelque citoyen diſtingué par un
mérite ſupérieur, on ne tardera pas à avoir les mêmes égards
pour un ſujet un peu moins illuſtre, & l'on finira bientôt par
prodiguer les diſpenſes à ceux-mêmes qui en ſeront les plus
indignes.

A R T. X I I I.

Que nul Citoyen ne puiſſe être en même temps
Membre de pluſieurs jurisdictions.

Cependant ſi les Offices des Tribunaux de Juſtice proprement

dits font données à vie , il femble qu'un Membre de ces Tribunaux pourroit être en même tems Membre d'une Jurifdiction
Municipale ; mais en ce cas fes fonctions de Juge de Bailliage
ou Cour de Juftice devroient être fufpendües pendant le tems
qu'il feroit Membre d'une Municipalité ou d'une Commiffion
Intermédiaire d'États-Provinciaux.

On croit devoir s'occuper , en premier lieu , des
Tribunaux de juftice , proprement dits , & de la
manière d'y procéder.

Enfuite , fi le temps le permet , on préfentera
quelques plans relatifs aux tribunaux municipaux,

DES TRIBUNAUX

DE JUSTICE,

PROPREMENT DITS.

CE livre contient deux parties. Dans la première on traite des offices, du nombre, du choix & des devoirs & fonctions de ceux qui doivent les exercer. Dans la seconde on propose un plan de procédure civile fort simple, & que l'on croit très-propre à faciliter l'instruction des procès, à en diminuer les frais & en accélérer le jugement.

PREMIERE PARTIE.

Cette partie contient des plans qui déplairont sans-doute beaucoup à certaines personnes. Mais la plupart des Citoyens reconnoîtront peut-être avec plaisir, qu'en cherchant à servir utilement sa patrie, l'Auteur s'est efforcé de préjudicier, le moins qu'il seroit possible, à ceux qui, jusqu'ici, ont profité des abus qu'il s'agit de supprimer. Ceux-ci probablement ne lui en sauront aucun gré, & ils ne verront en lui qu'un novateur pernicieux qui se plaît à tous confondre. Mais quelque doive être le jugement qu'on portera de son ouvrage, quelque sentiment qu'on doive éprouver à l'égard de l'Auteur , raſſuré par ſa propre conſcience & convaincu de la pureté de ſes intentions, il ne craint point de préſenter à la Patrie ce léger gage de ſon dévouement.

CHAPITRE PREMIER.

Des Offices.

EN établiſſant les divers Offices de judicature, on ne s'étoit propoſé d'abord que de faciliter l'exercice de la Juſtice. Ainſi le bien public étoit le ſeul objet de cette inſtitution. Des Princes ambitieux, incapables de gouverner leurs Etats , & cependant toujours avides d'en conquérir de nouveaux , ſaiſiſſent avec avidité tout ce qui ſemble propre à favoriſer dans l'inſtant leurs déſirs. L'argent eſt le nerf de la guerre, & la guerre fait leurs délices. Se procurer de l'argent ſemble donc pour eux le comble du bonheur , & pourvu que de l'argent paſſe dans leur tréſor, comme l'eau dans le tonneau des Danaïdes , ils ſont ſatisfaits Pour obtenir cet argent fugitif, qu'il faille concéder à des hommes avides le droit de preſſurer à perpétuité leurs Concitoyens & de pomper toute leur ſubſtance , peu importe à ces guerriers qui ſe croient placés ſur la terre pour détruire , & non pas pour vivifier. Telle eſt l'hiſtoire malheureuſement trop fidèle de la création d'un grand nombre des Offices qui exiſtent actuellement & de l'origine de la vénalité de tous.

L'emploi augufte & pénible de rendre la juftice
a été vendu ; l'emploi faftidieux d'en tranfcrire les
oracles a été vendu ; l'emploi fatiguant d'en fignifier & d'en faire exécuter les décrets, a été vendu,
le droit d'examiner les pièces volumineufes des
plaideurs & d'y fcruter des moyens pour leur défenfe, en un mot le droit de fe torturer l'efprit pour
un autre a été vendu, & s'il eft quelque chofe qui
doive furprendre, c'eft que le droit d'exifter n'ait
pas encore été vendu.

Mais en vendant des devoirs à remplir, on a
bien fenti que fi l'on ne vendoit que les devoirs,
on ne trouveroit pas d'acheteurs. En conféquence
les vendeurs ont annexé aux devoirs qu'ils ven-
doient certains émolumens, certains priviléges qui
ne paroiffoient être que la récompenfe de l'accom-
pliffement de ces devoirs, mais qui ne tardèrent
pas à égaler & quelquefois furpaffer le capital de
la finance fournie par les premiers acquéreurs.
Alors le prix des Offices augmenta. L'efprit mer-
cantile s'introduifit dans la judicature. L'intérêt
public fut oublié, & l'acquifition d'un Office ne
parut plus qu'une occafion de faire fortune. De là
le défir & bientôt la néceffité de preffurer les Citoyens ; car le prix des Offices parvint à un degré
fi exorbitant, qu'après les avoir acquis, on fe vit
forcé d'opter entre l'indigence & l'oubli de toute
délicateffe.

(Ce n'eft point une déclamation, c'eft la dépofition d'un témoin ; difons plus, c'eft la confeffion
d'un accufé, innocent cependant).

Conferver les Offices actuellement fubfiftans &
vouloir rappeller ceux qui les poffèdent à l'infti-
tution primitive de ces Offices, ce feroit plonger,

dans la misére la plus affreufe des milliers de Citoyens. Tel Office fe vend aujourd'hui 300 mille livres, & en rapporte 40 ou 50 mille, qui ne produiroit pas plus de 3 à 4 mille livres à celui qui l'exerce, en lui attribuant même des honoraires proportionnés au travail néceffaire.

Si l'on fuivoit le plan de procédure qui fera propofé ci-après, & qu'on laiffât fubfifter tous les Offices de Procureurs actuellement établi, en fuppofant que les affaires fuffent également partagées entre eux, chacun ne gagneroit peut-être pas 200 l.; & cependant il eft des Offices de Procureurs qui fe font vendus plus de 80 mille livres. Il eft vrai qu'en vendant ces Offices, on cède les recouvremens qui en dépendent, mais ils eft bien rare que ces recouvremens excèdent le tiers du prix total; ainfi il y a des Offices dont le titre feul, en confidérant les chofes au moment de la réforme, fe trouveroit avoir coûté environ 50 mille livres. Suppofons que celui qui poffédercit l'un de ces Offices, fut auffi occupé que dix de fes confrères, ce qu'il gagneroit monteroit tout au plus environ à deux mille livres; ainfi, il ne retireroit en travaillant que quatre pour cent de fon argent, & il faut obferver que probablement cet argent n'eft point à lui, & qu'il en paye à d'autres l'intérêt au moins à cinq pour cent. Comment donc exifteroit-il ? *.

On ne craint point de foutenir que fi l'on veut conferver les Offices qui exiftent, & furtout ceux

---

* Et que feroient fes neuf autres confrères ? car nous avons fuppofé qu'il étoit auffi occupé que dix, ce qui ne fe peut faire qu'aux dépens de neuf.

des Procureurs, il eſt impoſſible de faire même la plus légère réforme, ſans ruiner ceux qui les exercent. Que l'on faſſe attention que depuis dix ans la valeur des Offices eſt doublée, & que l'occupation au contraire diminue tous les jours, qu'ainſi tout Procureur, qui s'en tient ſtriƈtement à ce qui eſt permis par les Réglemens, jouit, TOUT AU PLUS, du plus étroit néceſſaire. Il n'y a point là d'exagération, & l'on en préſentera dans la ſuite des preuves capables de convaincre le plus intrépide Pyrrhonien.

Ce qui rend maintenant les fonƈtions des Procureurs néceſſaires, c'eſt ce dédale de procédures dans lequel on force les parties d'errer. Si ce dédale obſcur étoit détruit, ſi les avenues du temple de la juſtice étoient éclairées & applanies, ou, pour parler d'une manière intelligible pour tout le monde, ſi l'on admettoit un plan de procédure, tel qu'il n'y eût pas de Citoyen qui ne pût lui-même défendre ſa cauſe, il faut convenir que le miniſtère des Procureurs ſeroit abſolument inutile.

Le plan qu'on propoſera pourroit-il procurer cet avantage ? C'eſt à la Nation à en juger. Quoiqu'on n'oſe guères ſe flatter qu'elle l'adopte, on va néanmoins raiſonner dans cette ſuppoſition.

Les Offices de Procureurs, ſelon notre plan, étant inutiles, doivent être ſupprimés. Pour ces Offices une finance a été payée à l'Etat ; ſi l'on ſupprime ces Offices, il faut que cette finance ſoit rendue ; il ne peut y avoir de difficulté à cet égard. Mais à ces Offices eſt annexée une pratique qui ſe vend ordinairement conjointement avec eux. Cette pratique, c'eſt d'une part l'eſpérance d'obtenir la continuation de la confiance que des cliens avoient accordée au précédent titulaire, de l'autre le droit de recouvrer tout ce qui se trouve dû par ces cliens. Voilà donc deux choses vendues, savoir des recouvremens que la suppression ne fera point perdre, & une espérance que cette suppression fera totalement évanouir. C'est de la perte de cette espérance qu'il est juste ou au moins équitable, d'indemniser celui dont on supprime l'Office. Mais comment déterminer cette indemnité ? Voilà ce qui est embarrassant.

En effet, la valeur des recouvremens est très variable. Telle pratique qui s'est vendue 50 mille liv., ne contient pas dix mille livres de bons recouvremens, pendant que telle autre qui ne se sera vendue que trente, en aura contenu vingt. Ainsi il est difficile d'évaluer au juste ce qu'à été vendue la simple espérance de conserver la confiance des cliens actuels, & d'acquérir celle de quelques autres. Cependant pour bien faire cette évaluation, un peu de délicatesse de la part des Officiers supprimés suffiroit.

Comme on ne voudra probablement point s'en rapporter à leur bonne foi, voici, ce me semble, de quelle manière la liquidation des Offices supprimés pourroit se faire. L'Officier supprimé représenteroit son ou ses titres d'acquisitions, tant de l'Office que de la pratique. On lui rembourseroit le prix de la finance & les deux tiers * du prix de la

---

* Ces deux tiers seroient beaucoup trop pour quelques-uns. Ne pourroit-on pas commencer par demander aux Officiers un état de l'indemnité q'ils croiroient leur être due ? On leur accorderoit ce qu'ils desireroient, lorsque cela n'excéderoit pas les deux tiers de la pratique. Toutes les déclarations, dira-t-on, égaleront ces deux

pratique. Si l'on fupprimoit les Offices d'Avocats au Confeil il feroit équitable de leur rembourfer les trois quarts du prix de la pratique , outre la finance de l'Office.

Si l'on fuivoit ce plan , les anciens Officiers prétendroient peut-être fouffrir une léfion confidérable, mais il eft facile de faire voir que loin d'en fouffrir aucune , ils retireroient encore quelque bénéfice.

Un Officier qui a acquis , il y a plus de vingt-cinq ans, moyennant 20 ou 30 mille livres , un Office qui fe vend aujourd'hui 60 ou 80 mille livres , eût fait fans doute un gain confidérable , s'il l'eût vendu avant la réforme ; de forte qu'il pourroit paroître effuyer une perte énorme , en recevant , lors de la fuppreffion , moins de 20 à 30 mille livres. Mais qu'eft-ce que cette perte ? C'eft la privation d'un gain , & non pas une perte réelle. Or, lorfqu'on réforme des abus , c'eft bien affez pour ceux qui les commettoient de ne point faire de perte réelle.

Enfuite on a fuppofé ci-deffus que tous les recouvremens dépendans d'une pratique , ne font que le tiers du prix de cette pratique , ce qui peut être vrai actuellement ; mais il y a vingt ou vingt-cinq ans les recouvremens excédoient certainement le tiers de la valeur de la pratique. Enfin , pendant ces vingt ou vingt-cinq dernières années , ils ont retiré un très-grand profit de leur Office ; autrement ils n'euffent pas laiffé échapper l'occafion de s'en demettre à un prix fi avantageux.

On approuvera peut-être ce projet de rembour-

---

tiers. Je réponds : NON ; je foutiens qu'il y aura des déclarations exactes , & d'une exactitude telle qu'elle éto. nera bien des gens, & des gens qui fe piquent de délicateffe.

fement ? Mais, s'écriera-t-on, de quelle manière l'opérer dans les circonſtances préſentes ?

S'il s'agiſſoit d'un pays, dont le ſol ingrat en tint les habitans dans une certaine dépendance des Peuples voiſins, il faut avouer que la réforme propoſée ſeroit difficile à exécuter, au moins d'une manière équitable. Mais qu'eſt-ce que la France ? C'eſt un vaſte Empire qui ſe ſuffit à lui-même, & qui pourroît être heureux, quand même il rompróit toute communication avec les Etrangers. Ses richeſſes ſont donc, pour ainſi dire, dans ſa volonté ; & un mot prononcé au nom de la Nation, feroit naître l'opulence.

De petits eſprits incapables de diſcerner les différences des circonſtances, vont peut-être s'allarmer. Mais que dire à des eſpèces d'automates, dont toute la logique conſiſte à ſe rappeller certains faits, lorſque certains mots frappent leurs oreilles ? Il faut les laiſſer ſe tourmenter, s'affliger, ſe déſeſpérer, juſqu'à ce que l'événement ait calmé leurs frayeurs inſenſées.

On pourroit créer un certain nombre de billets de caiſſe Nationale. Les Officiers ſupprimés auroient la faculté de ſe contenter de la rente à quatre ou cinq pour cent du capital auquel leurs office & pratique auroient été liquidés, ou de recevoir, dès l'inſtant, ce capital, en billets de caiſſe. Ces billets ſeroient reçus comme argent comptant dans toutes les caiſſes publiques. Pour diminuer plus promptement le nombre de ces billets, on vendroit à l'enchère les domaines publics qui ne feront toujours, quoiqu'on puiſſe faire, que des objets de déprédation.

Ne pourroit-on pas vendre aussi tous les biens fonds appartenans aux Communautés, tant laïques qu'Ecclésiastiques & aux Bénéficiers? Le prix qui en proviendroit seroit versé dans le trésor public, qui en feroit la rente à ceux à qui ces biens auroient appartenu.

Ce plan ne plaira point aux Administrateurs de ces Communautés ; mais quel tort l'exécution de ce plan feroit-il à ces Communautés ? Loin de leur nuire, cette exécution leur seroit très-avantageuse.

De cette manière, la majeure partie des billets ne tarderoit point à rentrer dans la caisse, & en présence des Commissaires de la Nation, on supprimeroit les billets rentrés, à mesure que la situation des Finances réelles le permettroit.

Par là peut-être, avant six, ou au moins avant dix ans, la France, délivrée dès-à-présent de cette foule d'Offices dont elle est écrâsée, se verroit quitte de toutes ses dettes, sans que personne eut le moindre sujet de se plaindre.

Ce qu'on vient de dire des Offices de Procureurs peut s'appliquer à tous les Offices auxquels une pratique est attachée, tels que ceux de Notaires & d'Huissiers.

A l'égard des Offices, soit de Juges ou de Greffiers, il sembleroit qu'on ne devroit leur rembourser que la finance primitive de leurs Offices ; mais l'équité semble exiger qu'on rembourse à chacun d'eux ce que son contrat prouve qu'il a payé. Et comme les frais de réception, qui ne devroient jamais avoir lieu, sont néanmoins un objet considérable, on devroit en tenir compte au moins à ceux qui font reçus depuis peu de temps.

Jufqu'ici l'on n'a paru parler que du cas de fuppreffion abfolue, mais le projet qu'on vient de préfenter eft général, & il comprend tous les Offices fans exception. La vénalité eft une fource d'abus qu'il faut abfolument détruire ; mais il faut prendre garde de remplacer un abus par un autre. Si la vénalité eft la protectrice de l'incapacité, la brigue & la faveur ne le font pas moins. Lorfqu'on traitera du choix des Officiers, les plans qu'on préfentera paroîtront peut-être prévenir tout inconvénient. Il ne s'agit en ce moment que d'offrir un projet général fur les Offices.

ARTICLE PREMIER.

Que toutes les charges auxquelles il n'y a point de pratique annexée, foient fupprimées fur le pied de la dernière vente de chacune (ou fi l'on veut, des dernières ventes) & à l'égard de celles auxquelles une pratique eft annexée, qu'outre la finance de l'Office, il foit accordé une indemnité.

Si l'on n'adopte point le projet d'indemnité qu'on a propofé, cette indemnité pourroit être réglée par les Officiers Municipaux des lieux, qui devroient faire enforte que tout Officier fupprimé fe trouvît après la fuppreffion, à-peu-près en l'état où il étoit avant l'acquifition.

ART. II.

Que dans chaque Cour Souveraine (de Juftice) il foit créé un Office de Premier Préfident, deux de Préfidens, vingt fix de Confeillers, dont deux feront annuellement Secrétaires, & feront les fonctions de Greffier, un de Procureur · Général ou de premier Avocat - Général, quatre d'Avocats - Généraux, vingt-cinq d'Avocats & dix d'Huissiers.

On croît que le nombre de vingt-cinq Avocats fera plus que fuffifant, parce qu'on propofe de permettre à chacun de plaider fa caufe lui-même. On ne parle point de Subfti tuts, parce qu'on penfe qu'il vaut mieux établir nn plus grand nombre d'Avocats. Généraux.

A r t. I I I.

Que chaque Cour Souveraine foit partagée en deux Chambres égales, l'une civile, l'autre crimi-nelle, dans chacune defquelles ferviront alternati-vement tous les Magiftrats, à l'excéption du Premier Préfident, qui fervira toujours à la Chambre Ci-vile.

A r t. I V.

Que dans chaque Bailliage il foit créé un Office de Préfident (ou Lieutenant-Général), quatre de Confeillers, dont un fera l'Office de Secrétaire ou Greffier, un Office de Procureur ou premier Avo-cat-du-Roi, deux d'Avocats-du-Roi, fix d'Avocats & autant d'Huissiers.

Selon notre plan le reffort des Cours Souveraines ne devant pas être fort étendu, il eft inutile d'autorifer les Bailliages à condamner à un fupplice capital en dernier reffort, & trois ou quatre Juges fout bien fuffifans pour juger en dernier reffort de conteftations dont l'objet n'excédera pas fix cens liv.

A r t. V.

Que tout Magiftrat qui aura exercé fes fonctions

pendant vingt-cinq ans puiſſe, s'il le juge à propos, ſe retirer, & jouir de la moitié de ſes appointemens.

Art. VI.

Que l'Office de tout Magiſtrat qui aura exercé ſes fonctions pendant 40 ans, ſoit cenſé vacant & donné à un autre, de la manière qui ſera ci-après indiquée, & que néanmoins l'ancien Magiſtrat continue de ſiéger & de jouir de ſes appointemens de la même manière que les autres Magiſtrats.

Il eſt des Magiſtrats dont le zèle ne s'éteint qu'avec leur vie ; mais la nature ne ſeconde pas toujours leurs efforts, & malgré leur bonne volonté, ils ſe trouvent quelquefois forcés de faire languir les Plaideurs ; c'eſt cet inconvénient que l'on ſe propoſe ici de prévenir d'une manière qui n'ait rien d'affligeant pour l'ancien Magiſtrat.

Art. VII.

Que tout Office d'Avocat ou d'Huiſſier qui aura été exercé ſans interruption par un citoyen pendant vingt-cinq ans, ſoit cenſé vacant, & que néanmoins l'ancien Avocat ou Huiſſier continue, s'il le juge à propos, de reſter ſur le Tableau, & d'exercer ſa profeſſion.

Pour faciliter le rembourſement des Offices ſupprimés, on pourroit exiger des nouveaux Officiers, a titre de prêt, une certaine ſomme dont on leur paieroit l'intérêt a quatre pour cent, juſqu'au rembourſement ; par exemple :

COURS SOUVERAINES.		
Pour un Office de Préſident de Cour Souveraine,	50000 l,
Pour un Office de Conſeiller,	25000
Pour un Office d'Avocat Général,	30000
Pour un Office ou Place d'Avocat,	10000
Pour un Office d'Huiſſier,	6000

BAILLIAGES.

<table>
<tr><td rowspan="4">BAILLIAGES.</td><td>Pour un Office de Conseiller ;</td><td>12000 l.</td></tr>
<tr><td>Pour un Office d'Avocat du Roi ;</td><td>15000</td></tr>
<tr><td>Pour un Office ou Place d'Avocat ,</td><td>6000</td></tr>
<tr><td>Pour un Office d'Huissier ,</td><td>3000</td></tr>
</table>

En supposant 21 Cours Souveraines, 210 Bailliages, cet emprunt procureroit, selon notre plan, une somme de   52500000

SAVOIR:

<table>
<tr><td rowspan="5">COURS SOUVERAINES.</td><td>Pour 42 Offices de Présidens, non compris ceux de Premiers Présidens ,</td><td>2100000</td></tr>
<tr><td>Pour 546 Offices de Conseillers ,</td><td>13650000</td></tr>
<tr><td>Pour 84 places d'Avocats-Généraux ,</td><td>2520000</td></tr>
<tr><td>Pour 525 places d'Avocats ;</td><td>5250000</td></tr>
<tr><td>Pour 210 Offices d'Huissiers ;</td><td>1260000</td></tr>
</table>

<table>
<tr><td rowspan="4">BAILLIAGES.</td><td>Pour 840 Offices de Conseillers,</td><td>10080000</td></tr>
<tr><td>Pour 420 Offices d'Avocats-du-Roi ;</td><td>6300000</td></tr>
<tr><td>Pour 1260 places d'Avocats ,</td><td>7560000</td></tr>
<tr><td>Pour 1260 Offices d'Huissiers ;</td><td>3780000</td></tr>
</table>

                                52500000 l.

On a supposé que l'on n'exigeroit rien des Premiers Présidens, des Procureurs-Généraux, des Présidens ou Lieutenans-Généraux des Bailliages & des Procureurs-du-Roi ; supposons maintenant qu'on demande à titre de prêt, SAVOIR :

Pour un Office de Premier Président ,   60000 l.

Pour un Office de Procureur-Général,	50000 l.
Pour un Office de Préfident ou Lieutenant-Général de Bailliage,	25000
Pour un Office de Procureur-du-Roi,	20000
Cela procurera :	
Pour 21 Offices de Premier Préfident,	1260000
Pour autant d'Offices de Procureurs-Généraux,	1050000
Pour 210 Offices de Préfidens, ou Lieutenans-Généraux de Bailliages.	5250000
Pour autant d'Offices de Procureur-du-Roi,	4200000
Ce qui produira une fomme de	11760000
Laquelle ajoutée à celle de	52500000
Forme celle de	64260000

Que l'on recevroit tant en argent qu'en billets de caiffe Nationale. Cette fomme ne fuffiroit certainement pas pour rembourfer tous les Offices exiftans en France, & même à Paris, en adoptant le plan d'indemnité propofé, mais au moins elle ferviroit à effectuer ce rembourfement en grande partie, ou ce qui revient au même, à faire rentrer au tréfor public une portion confidérable des billets de caiffe créés pour cet effet. Au refte, quellequ'opinion qu'on ait de notre projet, fi l'on fait une maffe générale de tous les Offices actuellement exiftans, on reconnoîtra fans doute que les citoyens payent l'intérêt à plus de dix pour cent de la fomme totale à laquelle monte la valeur actuelle de ces divers Offices. Il y auroit un moyen bien fimple, & certainement bien moins couteux, de faire la réforme ; ce feroit de ne rembourfer que la finance des Offices ; mais ce moyen eft-il honnête ? & pourroit-il être adopté par une Nation généreufe ? La France, fans opprimer, peut ceffer d'être opprimée.

CHAPITRE SECOND ET TROISIEME.

Du choix des Officiers , & de leurs Devoirs & Fonctions.

CES deux Chapitres sont sans doute les plus importans de cet Ouvrage. On a essayé d'y rassembler tout ce qui pouvoit procurer à la Justice de fidèles Ministres , & aux citoyens d'intègres Protecteurs & de zélés Défenseurs.

Puisqu'une malheureuse expérience nous a convaincus qu'en embrassant un état , presque personne ne pense aux devoirs qu'il lui impose , puisqu'on voit le Pygmée se charger hardiment du fardeau qu'un Hercule pourroit à peine soutenir , sans s'embarrasser si , en l'écrâsant , il n'écrâsera point une Province entière , puisqu'enfin le libertin qu'un père de famille honnête rougiroit de recevoir dans sa maison , a quelquefois l'impudence de solliciter l'emploi pénible , redoutable de Gardien des mœurs , qu'un citoyen vertueux n'accepteroit qu'en tremblant , il faut bien épuiser tous les moyens de bannir du Sanctuaire de la Justice , & des avenues mêmes de son Temple , tout être dont le souffle empesté pourroit corrompre l'air pur qu'on doit y respirer , ou dont l'ignorance viendroit répandre des nuages funestes dans un lieu où ne doit briller que la plus éclatante lumière.

Il n'est personne maintenant qui ne soit convaincu

que les examens actuels font abfolument infuffifans
pour conftater les mœurs & la capacité de ceux qui
fe préfentent pour exercer un Office. Quant aux
mœurs, on ne cherche pas même à paroître s'en
occuper aujourd'hui; il n'y a que la capacité fur
laquelle on a du moins l'apparence de n'être pas
indifférent. Mais ce n'eft qu'une fimple apparence,
car celui qui fait beaucoup & celui qui ne fait rien,
font également reçus Bacheliers, Licenciés en Droit,
Avocats, & enfin Confeillers, même de Cour Souveraine; & cependant tous deux ont également
fubi, non pas un examen, mais au moins deux,
dont le premier dure deux heures, & le fecond
trois.

Comment ces examens, qui ont conftaté la capacité de l'un, n'ont-ils point conftaté l'incapacité
de l'autre? Comment quatre perfonnes inftruites,
& très-inftruites, puifque ce n'eft que par la voie du
concours qu'elles ont obtenu leurs places, places
lucratives qui font toujours l'objet des vœux d'un
grand nombre de concurrens, comment ces quatre
perfonnes, vraiment inftruites, peuvent-elles examiner tête-à-tête, pendant deux ou trois heures, un
homme qui eft cenfé s'être livré pendant trois ans à
l'étude du Droit, en avoir reçu pendant tout ce
tems les leçons, par écrit & de vive voix, *fcriptis
& auribus*, & qui par conféquent doit être en état
de faire briller fon favoir pendant bien plus de deux
ou trois heures, comment ces quatre perfonnes,
après un fi long examen, parviennent-elles à ne
pouvoir découvrir que cet homme ne fait rien, abfolument rien, & j'invoque à cet égard la notoriété
publique.

Mais, ce qui eft au-deffus de toute croyance hu-

maine, c'eſt que ces quatre Examinateurs, *conſul-*
tiſſimi, ont le courage d'atteſter que d'après un mur
examen, *præmiſſo diligenti examine*, ils ont reconnu
que le Candidat, toujours bien recommandable par
ſa vie décente & la pureté de ſes mœurs, *laudabili*
vitâ & morum probitate commendatum, a fait tant &
de ſi grands progrès dans l'étude de l'un & l'autre
droit (& le Droit Civil & le Droit Canon), qu'on
ne peut plus, en conſcience, lui refuſer le prix de
ſes longs , de ſes pénibles travaux, *tantùm in Juris*
UTRIUSQUE ſtudio profecerit ut nobis viſus ſit DI-
GNUS qui ſuorum laborum fruêtum perciperet. En
conſéquence, pour rendre témoignage à la VÉRITÉ,
Nos veritati teſtimonium perhibere cupientes, on le
déclare Licencié.

Le voilà donc Licencié des Écoles, & livré à la
Patrie, comme un citoyen digne de la ſervir. Le
voilà *légalement* ſavant : ſa ſcience eſt *authentique* ,
& elle doit, ou du moins elle peut s'exercer juſqu'à
ce qu'à ce qu'on ſe ſoit inſcrit en faux contre elle.
La Nature marâtre lui eût-elle à peine accordé
quelque parcelle de ce bon ſens qu'elle accorde aſſez
libéralement à tous les hommes ; pût-il à peine diſtinguer une Sentence d'un Exploit d'aſſignation,
fût-il à peine lire & ſigner ſon nom, n'importe : le
voilà Gradué, autoriſé à ſe faire recevoir au ſerment
d'Avocat, & en conſéquence à défendre *par - tout*
les intérêts de la veuve & de l'orphelin, à ſuppléer
en cas d'abſence le nombre des Juges qui doivent
prononcer en dernier reſſort, ſur la vie & l'honneur
d'un citoyen, & peut - être ſera-ce ce Gradué qui
tranchera le dernier fil qui ſuſpendoit encore le
glaive ſur la tête d'un innocent.

Ces jeunes élégans, que douze fois en trois ans,

les Écoles ont vu paroître & disparoître avec la rapi-
dité de l'éclair, ces aimables ignorans que comme
de zéphyrs légers on voyoit voltiger sans cesse au-
tour des Flores sémillantes ; eh ! par quel hazard les
voilà-t-il transportés soudain dans le Sanctuaire de
Thémis ?

Oh ! ceux-la, respectez-les ; car, nonobstant les
Lettres en parchemin duement signées & scellées,
qui attestoient leur science reconnue *diligenti examine*, on leur a fait subir une nouvelle épreuve ;
une information de vie & de mœurs a même été
faite ; un Arrêt solemnel les a reçus Prêtres de la
Justice, & tout ce qui s'échappe de leur bouche
quand ils sont assis sur les fleurs de lys, ce sont autant d'oracles aussi sûrs, aussi clairs que ceux de Cal-
chas ou de la Pythonisse, & que parconséquent vous
devez écouter avec un silence respectueux..... Mais
ils ne savoient rien hier ; comment savent-ils tout
aujourd'hui ? .... *Il y a Arrêt*.... Pourvoyez-vous,
si vous le voulez & le pouvez, en cassation, ou par
Requête civile.

Certainemement on feroit bien rire les lecteurs si
on leur racontoit quelques anecdotes relatives aux
sens, suffisance & capacité de maint Officiers de
Justice, & sans doute cette partie de notre discours
ne seroit pas celle qui déplairoit le plus à un grand
nombre de nos Lecteurs ; mais sont ce des ris qu'il
faut ? Quoi ! François inconséquens, François, qui
vous plaignez tant d'être opprimés, & qui méritez
tant de l'être, votre vie, votre honneur, vos biens,
tout est compromis, & vous riez ! En vérité, l'on
diroit que tout ce qui se passe en France n'est qu'une
Comédie dont vous n'êtes que simples spectateurs.
Vous ne rirez pas sans doute, vous, respectables

Citoyens, à qui ce peuple léger a confié fes intérêts, & votre jufte indignation profcrira des abus qui font verfer tant de larmes à ceux qui en font les victimes, tandis qu'ils n'excitent que la rifée de ceux qui en font témoins, & qui ne fongent pas que demain, peut-être, ils fubiront le même fort.

Tous ces abus, fi rifibles pour tant de citoyens, fi funeftes pour tous, prouvent, felon bien des perfonnes, qu'il faut que déformais les examens fe faffent avec plus de févérité. Mais cette févérité, qui eft-ce qui l'entretiendra ? Avant un an, la faveur y portera atteinte, une première contravention fervira d'exemple à une feconde, & bientôt l'abus deviendra loi.

Tous ces examens, aujourd'hui fi pitoyables, ils étoient rigoureux, autrefois ; les Lettres de Grades étoient vraiment des témoignages refpectables de la capacité de ceux à qui elles étoient accordées, & la réception d'un Magiftrat étoit un fûr garant de fes vertus. Les Réglemens faits pour les examens & pour les informations de vie & de mœurs, fubfiftent toujours : la loi, la confcience, prefcrit impérieufement à tout Examinateur de ne donner fon fuffrage qu'à un Sujet qui en foit digne. Celui qui le proftitue au premier qui fe préfente, eft un homme fans foi, un citoyen pervers, le fléau de fa patrie.

Qu'en ce moment ceux qui lifent cet Ouvrage s'arrêtent un inftant. Qu'ils rentrent en eux-mêmes, qu'ils defcendent au fond de leur ame, qu'ils interrogent leur confcience ; qu'ils lui demandent ce qu'ils ont fait quand ils ont été chargés d'examiner la vie..... les mœurs.,... la capacité d'un homme qui fe préfentoit pour défendre les intérêts des citoyens...

pour prononcer fur leur fortune.... leur vie.... leur honneur.....

La voilà qui leur répond, cette confcience........ qu'ils l'écoutent ; mais qu'ils l'écoutent en filence, avec un recueillement refpectueux.....

Maintenant fortez de vous-mêmes, Aggrégés & Profeſſeurs en Droit, & vous fur-tout, principaux Magiſtrats, qui vous repofez avec fécurité fur votre prétendue vertu ; portez vos regards au-dehors, voyez ces familles éplorées, luttant fans ceſſe contre la plus affreufe mifère ; voyez ces chaumières ruinées, ces vaſtes maifons délabrées, ces antiques Palais que confume le feu fubtil & dévorant de la chicane ; voyez ce vieillard vénérable, *Prêtre INAMOVIBLE de la Vertu*, réduit, après cinquante ans de travail & d'économie, à arrofer de fes fueurs & de fes larmes le champ qui fut jadis à lui.

Où eſt l'artifan de tous ces maux ? Vous le favez, SI CE N'EST PAS VOUS MÊME, c'eſt ce libertin ; c'eſt cet ignorant, dont vous connoiſſiez certainement la vie diſſolue ou la honteufe ignorance. C'eſt ce Miniſtre inférieur de la juſtice, admis par vous, & peut-être par vos ordres, & qui depuis, fous vos propres yeux, exerça des brigandages contre lefquels, mille fois peut-être, l'innocence opprimée, a vainement réclamé votre protection. C'eſt ce rapporteur infidèle, objet de l'exécration publique, & en qui vous perfiſtiez à mettre votre confiance, quoique la plus légère attention eût fuffi pour vous convaincre vous même que le public avoit raifon, & qu'en ce cas la voix du peuple étoit celle de Dieu même. Vous êtes juſte, équitable, humain, compatiſſant ; mille pauvres familles reçoivent, avec reconnoiſſance, les dons que votre main libérale leur prodigue. Toute une ville, toute une Province, le Royaume entier, l'Europe même, fi vous le voulez, eſt remplie du récit de vos vertus & de vos actions généreuſes. Eh ! qu'importe votre juſtice, votre équité, votre humanité, votre ſenſi-bilité, votre bienfaiſance ? Qu'importent enfin que vous ayez preſque toutes les vertus, fi la plus eſſentielle vous manque ; c'eſt-à-dire le courage, de remplir les devoirs, & les véritables devoirs de votre place ?

Q'importe que vous ſoulagiez cent familles, fi vous en laiſſez ruiner mille & dix mille ? Qu'im-porte que vous regardiez tous vos Concitoyens comme vos frères, comme vos enfans, fi vous même armez les brigands qui les égorgent ? Qu'im-porte que le déſir de faire le bien embrâſe fans-ceſſe votre cœur, tourmente ſans ceſſe votre eſprit, fi l'action qui ſuit ce déſir, ne s'étend, pour ainſi dire, point au delà de votre ſphère perſonnelle ? Particulier vertueux, vous n'êtes qu'un mauvais Magiſtrat. Deſcendez, deſcendez du rang auguſte dont vous n'êtes pas digne, & venez au milieu de vos Concitoyens préſenter un modèle de vertu, qui alors pourra paroître accompli.

Magiſtrats ſenſibles, ô vous, à qui ne peuvent déplaire les diſcours qui vous rappellent des de-voirs dont vous ſentez toute l'importance, des de-voirs qui vous ſont ſi chers, des devoirs dont vous craignez fans-ceſſe de vous écarter ; vous qui paſſe-riez le reſte de vos jours dans la triſteſſe & l'amer-tume, fi une injuſtice vous étoit malheureuſement échappée, & qui, pour la réparer, ſacrifieriez tous vos biens, ô dignes Magiſtrats, vraies délices du genre humain, ineſtimable préſent que le Ciel femble nous avoir fait dans fa faveur, mille fois vous avez gémi des abus qu'on déplore ici ; mille fois vous avez regretté l'ancienne difcipline, & fans-doute vous approuvez nos juftes plaintes. Eh bien, vous mêmes à l'inftant, fondez les profondeurs de votre ame. Que fubitement fe développe à votre efprit, le tableau de tout ce que vous avez fait depuis ce jour augufte, où admis à l'entrée du fanctuaire de la Juftice, vous avez, avant d'y pénétrer, promis à l'Être-Suprême *d'obferver fidèlement les loix, de rendre la juftice aux pauvres comme aux riches, ainfi qu'un bon, fage & vertueux Magiftrat doit faire.*

Votre confcience ne vous reproche aucune injuftice, *& le Ciel n'eft pas plus pur que le fond de votre cœur*... Oui. Mais vous fouvient-il de ce jour où N.... fe préfenta pour être admis parmi vous?... Vous pâliffez... Une réputation équivoque, une affez complette ignorance, voilà quels étoient fes titres ; & cependant vous l'avez admis... Vous l'avez admis?... Eh ! c'eft vous même qui l'avez préfenté, c'eft vous qui avez vaincu la jufte répugnance de vos collègues. C'étoit, dites-vous, un jeune homme ; j'efpérois que l'âge le muriroit, qu'il prendroit du goût pour l'étude, & qu'un jour il feroit honneur au tribunal qui le recevoit. Soit, mais en ce cas, c'étoit à un bon inftituteur qu'il falloit le préfenter, & non pas à un Tribunal. Que celui qui ne fait rien s'inftruife dans le cabinet ou en affiftant aux Audiences, comme fimple Auditeur, mais qu'il ne vienne pas exercer fon impéritie fur la fortune, la vie & l'honneur des Citoyens, & que l'innocence ne foit pas expofée fans

ceſſe à être opprimée par lui, en attendant qu'il
ſoit en état de la protéger.

D'ailleurs, eſt-il bien vrai que vous eſpériez que
ce jeune homme feroit un jour honneur au Tribunal ? Ah! ſi ce tribunal l'eût connu comme vous
le connoiſſiez vous même, toútes vos ſollicitations
euſſent été inutiles, & il eût été rejetté. Mais les
liens du ſang ou de l'amitié qui vous uniſſoient à
ſes parens, ont enchaîné votre ſévérité, leurs
prières ſans-doute, & les promeſſes du jeune
homme ont achevé de vous ſéduire ; enfin trompé
vous-même, vous avez trompé les autres.

Mais ces loix que vous aviez juré d'obſerver fidellement, eſt-ce qu'elles vous permettoient de recevoir parmi vous un homme que vous eſpériez
*voir mener déformais une bonne conduite & ſe
livrer ſérieuſement à l'étude* ? Ne vous preſcrivoient-
elles pas impérieuſement, ces loix, de n'admettre
que ceux dont la vie paſſée vous offroit, *dès l'inſtant
même*, un gage certain, en quelque ſorte, de ce
qu'ils feroient dans la ſuite ; en un mot, ceux qui, au
au moment même où ils ſe préſentoient, étoient
déja dignes à tous égards de ſiéger parmi vous ?

Ainſi, ſur le fondement d'un eſpoir chimérique,
vous avez violé & l'eſprit & la lettre de la loi. Après
avoir juré de rendre la juſtice aux pauvres comme
aux riches, vous avez admis & fait admettre au
nombre des Juges celui qui n'étoit en état de la
rendre à perſonne, celui qui n'avoit rien qui pût le
garantir de la pluie d'or que le riche voudroit répandre ſur lui, celui que ſon inapplication & ſes
paſſions ſembloient diſpoſer à être vaincu par quiconque voudroit l'attaquer, celui par conſéquent

qui devoit rendre inutile votre ferment & tous les
efforts que vous feriez pour l'obferver.

Vous avez été le trifte témoin d'une partie des
maux qu'il a faits, & vous en avez fouvent gémi ;
mais c'eft comme bon citoyen que vous en avez
gémi, & c'étoit au contraire comme complice que
vous deviez en gémir, & gémir pénétré d'un re-
pentir auffi vif, auffi fincère qu'inutile ; car enfin,
tous vos biens fuffiroient ils pour réparer les injufti-
ces, les vexations de cet indigne Magiftrat qui, fans
vous, confondu dans la foule, & retenu par la
crainte des châtimens, n'eût été qu'un de ces citoyens
paifibles que le monde aime & même eftime, parce
qu'il n'a jamais eu occafion de les connoître *.

Voilà pourtant ce dont vous êtes coupables, ô
vous, les meilleurs des Magiftrats, vous que l'on
chérit & refpecte avec raifon. *Tel eft maintenant l'état
des chofes, qu'il n'eft prefque plus d'emploi, ET
SURTOUT D'OFFICE, qu'ôfe exercer le citoyen dont
l'ame fenfible & délicate craint de fe fouiller par une
injuftice, des exactions ou des complaifances crimi-
nelles.* Trifte réflexion, bien capable de porter dans
tous les cœurs vertueux le découragement & le
défefpoir, fi jufqu'ici l'on avoit pris inutilement

---

* On trouvera peut-être que ce qu'on vient de dire n'eft qu'une
répétition de ce qu'on a dit plus haut ; mais ceci s'applique aux
fimples Confeillers, qui croyent que rien de ce qui fe fait dans un
Tribunal ne peut leur être imputé, parce que ce ne font pas eux
qui le gouvernent, & que s'ils en étoient les chefs, ils fe condui-
roient avec plus de févérité qu'on ne fait.

Au refte, quand ce ne feroit ici qu'une répétition, qu'importe ?
Oui, ce que nous avons dit nous le répéterions vingt mille fois, fi
nous pouvions efpérer qu'à la vingt millième fois il fe fixeroit dans
l'efprit des Magiftrats, pour n'en plus fortir, & fe montrer fans
ceffe à leur mémoire.

toutes les précautions poſſibles pour réprimer ou détruire les abus dont on vient de parler !

Mais ces abus ſi invétérés , & qui ſembloient tellement enracinés dans toute la Monarchie qu'il ne ſeroit plus poſſible de les en arracher ſans la renverſer elle-même , ſemblables maintenant à un chêne trop antique qui a bravé long - tems les orages les plus fougueux , un ſouffle pour ainſi dire ſuffit pour les détruire & les faire diſparoître.

On a vu , & tout le monde depuis long-tems ſans doute eſt convaincu que les examens de vie & de mœurs & de capacité , ainſi qu'ils ſe font actuellement , ſont inſuffiſans & même DÉRISOIRES. Ordonner qu'ils ſe feront déformais ſérieuſement , ce ne ſeroit qu'offrir une loi de plus aux contraventions. Il faut donc des réglemens tels d'abord, qu'aucun citoyen de mœurs perverſes ne puiſſe être admis aux charges, ſans que la Nation elle-même en ſoit en quelque ſorte complice, & que chaque citoyen ait lieu de s'imputer à lui - même les maux qu'il en reſſentira ;& enſuite que parmi des citoyens vertueux il n'y ait jamais que les Sujets les plus capables qui obtiennent les Offices ou Emplois, quelle que puiſſe être d'ailleurs la partialité, la condeſcendance ou l'injuſtice des Examinateurs.

Si les projets de Réglement qu'on propoſe à cet égard n'offrent point ces avantages précieux, tout lecteur équitable conviendra du moins que l'Auteur a eu un vif deſir de les procurer.

Bien des perſonnes ſans doute mépriſeront les précautions qu'on indique pour n'admettre que des citoyens de mœurs irréprochables. Les Magiſtrats ſont hommes , m'a-t-on déja dit, & me dira-t-on peut être encore.

À cette objection révoltante je réponds : Oui les Magiſtrats ſont hommes, mais eſt-il beſoin que les hommes les plus corrompus ſoient Magiſtrats, & rempliſſent même aucun Office de Judicature ? Eh quoi ! parmi vingt millions de citoyens ne s'en trouvera-t-il donc pas toujours aſſez qui ſoient dignes d'entrer dans le Temple & dans le ſanctuaire de la Juſtice ? Que l'on épargne ſi l'on veut la foibleſſe qui ſe cache & s'enveloppe d'un voile épais, mais la licence effrénée qui ſe montre à découvert, qui brave tous les regards, qui inſulte au bon ordre & à la décence, ah ! du moins, qu'on ſéviſſe impitoyablement contre elle, & que jamais l'opprobre des familles ne prétende faire la gloire des Tribunaux.

Oui, ſi l'on permet aux Magiſtrats de n'avoir point de mœurs, toute réforme eſt inutile. Qu'elle ſe diſperſe, cette Aſſemblée auguſte, qui ſe propoſe de créer un Empire durable. Que feroit-elle ? Sur un ſable mouvant elle conſtruiroit un édifice qui s'écrouleroit avant même d'être achevé.

Les mœurs ſont la bâſe des Empires, le bonheur des familles, le germe & l'aliment de la félicité publique. Elles ſont la ſauve-garde de la liberté ; c'eſt proſtituer le nom de *libre* que de le prodiguer à des hommes aſſervis à leurs paſſions, à de vils eſclaves inférieurs à la bête qui n'obéit du moins qu'à ſon inſtinct. Tout eſclave d'ailleurs eſt deſpote : l'Aſie nous en offre la preuve ; opprimé, il faut qu'il opprime, & il ſemble que la ſervitude des autres le dédommage de la ſienne. Ainſi, François, choiſiſſez entre les mœurs ou l'eſclavage ; il n'y a pas de milieu. Ou n'obéiſſez qu'aux loix, ou courbez vos têtes ſous toutes les chaînes dont on voudra vous accabler. Si vous croyez qu'il eſt de la dignité de l'homme de n'obéir qu'aux loix, & de n'avoir pour Magiſtrats que les plus vertueux de ſes ſemblables, ne négligez aucune des précautions propres à conſtater la pureté de leurs mœurs ; mais ſouvenez-vous bien que le ſouffle empeſté d'un ſeul lépreux peut répandre la contagion par-tout.

Quant à la capacité, il eſt auſſi important de la bien conſtater que la pureté des mœurs. Une bleſſure involontaire n'eſt pas moins douloureuſe que ſi elle eût été faite à deſſein.

Aſtreindre les Candidats ſimplement à des examens publics, ce ne ſeroit rien faire. Les thèſes ſe ſoutiennent publiquement, & cependant d'une manière fort pitoyable, qui n'empêche pas que l'on ne ſoit reçu.

Choiſir les divers Officiers ſimplement par la voie de l'élection, ce ſeroit ouvrir la porte aux cabales & aux intrigues, & le vrai mérite, preſque toujours inconnu, languiroit dans l'oubli.

La voie du concours paroît la plus ſûre pour conſtater le mérite ; cependant elle ne ſuffit pas. On ſait que ce n'eſt pas toujours le plus digne qui triomphe au concours. Quel parti prendre donc pour rendre abſolument inutiles & l'intrigue & la faveur ? Le voici peut-être.

Des Candidats qui ont une juſte eſpérance d'obtenir une place, ne ſont jamais diſpoſés à favoriſer à leur préjudice un de leurs concurrens. Ainſi que les Places & Offices ſoient propoſés au concours ; mais que pour chaque Place ou Office les Examinateurs indiquent les trois Sujets qui leur paroîtront les plus dignes, & qu'enſuite les trois Sujets choiſiſſent l'un d'entre eux. Dans le cas où ils ſe choifiroient tous, c'eſt-à-dire, où chacun n'auroit en ſa faveur qu'un ſeul ſuffrage, alors quel inconvénient y auroit-il que le ſort décidât entre eux? Ce ſort ne tomberoit toujours que ſur un ſujet digne, & les autres ne pourroient ſe plaindre d'une injuſte préférence.

Les Examinateurs, comme on voit, n'auroient aucun intérêt à favoriſer perſonne, puiſque rien n'aſſureroit la Place à celui qu'ils auroient voulu favoriſer; quelque corrompu qu'on ſoit, il eſt rare qu'on ſe porte à commettre une injuſtice qui, ſelon toute apparence, doit être inutile. La partialité des Examinateurs pourroit donc tourner à leur honte, car certainement on ne croira jamais qu'ils ſe permettent de choiſir trois Sujets incapables ou moins capables que tous les autres, ſur-tout ſi ces épreuves ſe font publiquement.

On objectera peut-être que ſi les épreuves ſe font publiquement, des Sujets trop timides pour pouvoir développer leur ſcience ou leur talent, ſe trouveront exclus des Places dont ils ſont véritablement dignes.

Perſonne, peut être, plus que l'Auteur, ne ſeroit fondé à plaider la cauſe de la timidité; néanmoins comme tout intérêt perſonnel doit diſparoître devant l'intérêt général, il ne craint point de ſoutenir qu'il eſt eſſentiel que toutes les épreuves ſe faſſent ſous l'inſpection du Public, Juge que la partialité n'ôſe pas toujours braver.

Les Examinateurs, & la plupart même des Spectateurs, feront ſans doute des citoyens inſtruits. Ils ſauront diſtinguer la timidité de l'ignorance. D'ailleurs en aſſujettiſſant les Candidats à pluſieurs épreuves de diverſes eſpèces, il ſera ſans doute bien diffi-

cile

cile que le vrai mérite ne se fasse pas reconnoître. Au reste, à force d'être vaincu, l'on apprendra peut-être à vaincre. Tel qui, comme Horace, dans un premier combat a pris la fuite, après avoir jetté honteusement ses armes derrière lui, a fini par périr glorieusement dans un autre combat, au milieu d'un monceau d'ennemis qu'il avoit immolés. Le plus grand mal qui puisse résulter des tristes effets d'une invincible timidité, c'est qu'au lieu d'une grande Place, on n'en occupe qu'une petite ; alors il n'y aura que le particulier qui perdra, & la Patrie sera toujours bien servie. D'ailleurs le citoyen, victime de sa timidité, sera bientôt dédommagé. Son mérite ne tardera point à percer & se répandre au-delà de la Place trop étroite qu'il occupera, chéri, estimé de ses concitoyens, & récompensé par eux lorsque l'occasion s'en présentera, s'il a de l'ambition, elle se trouvera peut-être mieux satisfaite que s'il eut obtenu d'abord la Place éminente qu'il désiroit. (Car la Patrie aura désormais mille moyens de récompenser ceux de ses enfans qui le mériteront).

Quels avantages ne produira pas l'établissement du concours ! Quelle fermentation, quelle ardeur agitera, embrâsera tous les esprits, quand la Patrie, par la voix du Héraut, sommera formellement dans toutes les Provinces ceux de ses enfans qui, par la décence de leur vie, par la pureté de leurs mœurs & une longue & constante application à l'étude, se font rendus dignes de servir leur mère commune, de se rendre aux concours où leur mérite doit être pesé & récompensé ! — Alors sortiront de leurs retraites ces citoyens obscurs, jusqu'alors inutiles victimes du travail, que l'on ne regardoit qu'avec

mépris ou pitié. Alors étonneront par la netteté &
la clarté des idées, par la profondeur & la justesse
du jugement, par la sagesse & la vigueur du raisonnement, par les graces du style, par le feu de l'éloquence, tels, à qui jusqu'alors à peine avoit-on supposé du bon sens.

Alors on ne dira plus : « La nature épuisée ne
» produit plus que des avortons ; le génie est éteint ;
» le monde touche à sa fin ». Tout renaîtra ; chaque Province deviendra une nouvelle Grèce, chaque Baïlliage sera un Aréopage dont les Jugemens sembleront dictés par la Divinité même. Chaque Ville, par la réunion des talens qui s'y développeront, semblera être devenue la Capitale d'un grand Empire. Les Étrangers, qui venoient se corrompre parmi nous, viendront s'y former, & peut-être verra-t-on ces fiers Infulaires, rivaux de Rome & de Carthage, venir chercher des loix au sein de la France *.

Et qu'on ne croye pas que tout se trouvera livré aux gens de génie ou d'esprit, qui ne font souvent que le fléau de leur Patrie. Si l'on suit notre plan, il sera impossible de parvenir à aucun Office si l'on n'est verteux. La France entière saura quels sont ceux qui se préfentent pour la servir, & elle pourra rejetter ceux qui sont indignes de cet honneur, & fans doute elle le fera. Car enfin quel sera le Citoyen affez insouciant pour laisser admettre au concours où se préfentera son frère, son

---

* Ce n'est point une prédiction faite après l'évènement. C'est au
mois de Mai qu'elle a été faite, & au mois de Mai bien des gens
nioient la possibilité de ce qui est arrivé.

ami, lui-même peut-être , pour laiſſer, dis - je ,
admettre au concours un homme indigne d'y être
reçu , & capable en même-tems de leur nuire dès
l'inſtant même en obtenant une place honorable à
laquelle ils ont droit de prétendre,

Voilà donc une inquiſition & une inquiſition
terrible que vous établiſſez; & à ce mot d'inquiſition, voilà tous les eſprits qui s'effarouchent &
ſe ſoulèvent. Mais commençons par nous entendre.

D'abord n'eſt-il pas vrai qu'il n'y a point, &
qu'il n'y aura ſans doute jamais de loi qui enjoigne
à aucun Citoyen, ſous une peine quelconque,
d'être Magiſtrat, Avocat ou même Huiſſier.

Enſuite propoſé-je d'examiner, lors même que
vous ne voudrez exercer aucun office de judicature
(ou autre emploi diſtingué & libre) propoſé-je
d'examiner ſi vous êtes bon fils, bon mari, bon
père; ſi vous diſſipez votre bien, la ſubſiſtance de
votre femme, de vos enfans; ſi vous vous épuiſez
par par vos débauches de toute eſpèce, ſi vous
vous jouez de vos ſermens, de vos engagemens
même écrits; ſi les Tribunaux retentiſſent ſans ceſſe
des plaintes de vos créanciers ; ſi votre bouche
exhale partout l'impureté dont votre cœur eſt in-
feĉté ; ſi tous les pères & mères vous interdiſent
l'entrée de leurs maiſons ; ſi tous les honnêtes gens
vous fuient ? Non ſans doute. Tout ce que je demande, c'eſt que lorſque vous vous préſenterez pour
obtenir une place éminente, comme un homme
vertueux & digne de la remplir, on vérifie ſi
vous êtes véritablement tel. Si vous craignez les
recherches, l'inquiſition, puiſque inquiſition il y
a , eh bien, ne venez pas vous offrir à elle, reſtez

chez vous, & foyez bien fûr qu'elle n'ira pas vous chercher.

Mais, dira-t-on, vous expofez les Citoyens les plus vertueux à être victimes des plus affreufes calomnies.

D'abord ces gens qu'on a entendus tant de fois crier à la calomnie, étoient-ce toujours de très-faints perfonnages & leurs plus zélés défenfeurs les eftimoient-ils toujours beaucoup intérieurement ?

Au refte, j'en conviens & je le foutiens même, l'homme le plus vertueux peut être en bute aux plus atroces calomnies. Suppofons donc un homme vertueux & injuftement perfécuté.

Tout ce qui fera propofé contre lui, *on le lui fera connoître & il y répondra* : il employera tous les moyens propres à le juftifier. Des Citoyens refpectables dépoferont en fa faveur : il aura peut-être pour défenfeurs tout fon quartier, toute fa Ville & même toute fa Province. D'ailleurs ce n'eft point ici un procès criminel où il faille néceffairement condamner ou abfoudre. Il ne s'agit que de récompenfer, & les récompenfes ne font dues qu'au mérite & au mérite bien conftaté. Ainfi celui dont le mérite ne fera pas fuffifamment reconnu, exclus pour cette fois du concours pourra s'y repréfenter l'année fuivante, fi pendant l'intervalle qui fe fera écoulé de l'un à l'autre concours il n'a rien fait qui puiffe lui être reproché. De plus on propofe de n'examiner rigoureufement la conduite que relativement aux cinq dernieres années. Ainfi un Citoyen ne fera jamais expofé qu'à fouffrir un léger préjudice & la Patrie fera toujours préfervée du danger de confier les emplois à des sujets qui en soient indignes.

Peut-être prétendra-t-on que si on est fort sévère sur l'article des mœurs, on risque de voir long-tems les Tribunaux déserts ou peuplés de sujets médiocres. Cette crainte est déplacée : on ose à cet égard invoquer le témoignage de la plupart des Lecteurs. Qui d'eux n'a pas dit plus d'une fois : » Un tel est un » sujet vraiment estimable ; c'est un homme sage » & rangé & qui ne manque pas de talent ; mais » pour parvenir, ce n'est pas de la vertu, ce n'est » pas du talent qu'il faut, c'est de l'or, & il n'en a » pas. Avec toutes les dispositions qu'il a reçues de » la Nature & toute son application au travail, il » ne sera jamais rien. Mieux vaudroit pour lui brûler » ou vendre tous ses livres, prendre une bêche & » s'en aller cultiver le jardin de tel Magistrat, que » les rapines de ses ayeux ont dispensé d'avoir du » mérite ».

Oui, sauf le respect dû à la Magistrature, on ne craint pas de le dire, quand on mettroit au concours, en même tems, tous les Offices des 21 Cours Souveraines & des 210 Bailliages qu'on propose d'établir, on ne manqueroit pas d'aspirans &, d'aspirans honnêtes. L'on verroit sortir pour ainsi dire du sein de la terre des légions d'hommes tout armés qui pourroient bien tailler en pièces une grande partie des vieilles troupes.

Qu'on songe à ce nombre infini d'Avocats que l'on croit n'être en état de rien faire, parce qu'on ne leur voit rien faire, à cette foule de malheureux esclaves de la Chicane qu'elle tient à la chaîne dans ses antres obscurs, qu'on songe à tant de jeunes gens sans ressource qui embrassent avec répugnance un état difficile & redoutable & qui finissent souvent par

être de mauvais prêtres , tandis qu'il euffent été
d'excellens Citoyens , qu'on fonge à tant d'hommes
laborieux que la mifère force à folliciter des emplois
auffi pénibles que peu lucratifs & qui ne parviennent
à les obtenir qu'après qu'on a pris fur leurs mœurs
& leur capacité des renfeignemens un peu plus
détaillés & plus certains que ceux qu'actuellement
la Juftice fe contente de prendre fur les heureux
mortels qu'elle admet dans fon fanctuaire. Eh bien !
elles paroîtront aux concours ces triftes victimes
que l'ignorance orgueilleufe écrafe avec fon fceptre
de fer , & réduites prefque à vaincre ou périr , elles
feront des prodiges de valeur qui étonneront leurs
adverfaires & les Juges du combat.

Mais , dira-t-on dédaigneufement , fi l'on admet
tous ces gens là aux charges , que d'indignités ne
verra-t-on pas éclore ? La mifère force à faire des
baffeffes , *ad turpia cogit egeftas*. Êtes-vous donc
dans la plus affreufe mifère vous autres qui parlez
ainfi , vous qu'on voit dévorer avec tant d'avidité
la fubftance des plaideurs & commettre tant d'o-
dieufes vexations ? Non , vous n'êtes point réduits à
la plus affreufe mifère ; il s'en faut bien , mais votre
cupidité s'accroît avec vos richeffes ; plus votre fortune s'augmente , plus votre âme s'avilit & fe
dégrade , & à en juger d'après vous , l'on peut dire
que *c'eft l'opulence qui fait faire des baffeffes*.

Au refte , fi c'eft la mifère qui fait faire des
baffeffes , qu'on préfervge de la mifère les Magiftrats.
Qu'une place de Juge , ainfi que celle de Pafteur,
devienne une place honorable qui puiffe procurer
une exiftence décente à celui qui la poffèdera ,
n'eut-il aucun patrimoine.

Dans quelles énormes dépenfes vous allez nous

jetter, s'écriera-t-on. Point du tout. Ce que je propofe de payer direÂtement, fe paye indireÂtement,
& toute dépenfe indireÂte eft toujours bien plus oné-
reufe qu'une dépenfe direÂte. Tel Rapporteur gagne
30 mille livres, tandis qu'il ne refte pas à un autre
Juge 300 liv. après qu'il a payé fa capitation.

D'ailleurs ne vaut-il pas mieux payer un bon
Médecin qui vous guériffe, que d'en avoir un qui
vous tue gratuitement ? N'entretient-on pas des
Troupes nombreufes pour repouffer *les ennemis du
dehors* ? Faut-il fe laiffer égorger par ceux du dedans ?

Enfin, que cette dépenfe foit nouvelle ou
exifte déjà, il eft certain qu'elle eft néceffaire
& que d'ailleurs elle peut fe faire avec beaucoup de modération. Un Confeiller de Bailliage
peut vivre honnêtement avec douze ou quinze cens
livres (1). Quant aux places des Confeillers des
Cours, vu l'éminence & le petit nombre de ces offices, il eft très-poffible de trouver pour les remplir
un très - grand nombre de Citoyens qui à la pureté
des mœurs & à la fcience, réuniffent une fortune
honnête & même confidérable, & l'on pourroit fe
contenter d'attribuer à ces officiers les mêmes
appointemens qu'à ceux des Bailliages.

Si l'on prétendoit que 12 ou 1500 ne pourroîent
fuffire pour vivre honnêtement dans une Ville de
Province ; nous répondrions qu'il ne faut pas confidérer l'état aÂtuel des chofes. Maintenant la plupart

-----

(1) Ce ne fera pas l'opinion de quelques Procureurs, qui prétendent qu'on ne peut pas vivre *décemment* avec moins de quinze
mille livres de rente. N'eft-ce pas plutôt une indécence qu'un Procureur, qui n'avoit rien autrefois, fe retire avec quinze mille liv.
de rente.

des places font occupées par des gens qui, ignorant la véritable gloire de leur état, ne cherchent qu'à fe diftinguer par leur fafte. Au contraire les nouveaux Officiers habitués pour la plupart à l'économie & à la fimplicité, honorables d'ailleurs & honorés même par cela feul qu'ils ne devront leur place qu'à leur mérite, ne fongeront qu'à fe conferver l'eftime publique en rempliffant fidellement leurs devoirs & les Tribunaux nous retraceront ces mœurs antiques dont parlent nos hiftoires.

Au refte, quelle que foit cette dépenfe elle eft néceffaire, fi l'on veut avoir de bons Juges. On pourroit trouver quelques Citoyens aifés, de mœurs irréprochables & d'une capacité fuffifante qui vou-luffent bien fe charger gratuitement du foin de rendre la Juftice. Mais jamais il ne s'en préfentera affez pour remplir les Bailliages ni même les Cours. D'ail-leurs qu'on fe tienne en garde contre ceux qui feroient de pareils offres. Il n'eft rien de fi chèr que les fervices gratuits. Tout état qui ne confervera que les emplois néceffaires, s'obérera difficilement, quoiqu'il récompenfe dignement ceux qui les exercent.

Les obfervations que nous venons de préfenter s'appliquent principalement au choix des Officiers; il nous refte encore à faire quelques réflexions géné-rales fur leurs devoirs.

Ce n'eft pas affez d'apporter l'attention la plus fcrupuleufe au choix des divers Officiers de juftice. Tel fembloit devoir faire par fes vertus & fes talens la gloire d'un Tribunal, qui, bientôt par fon indolence & fes défordres en eft devenu l'opprobre, La vertu la plus pure eft une fleur délicate qu'un foufle léger peut flétrir; ou plutôt c'eft un métal

précieux & dont l'éclat vif & brillant se ternit bientôt
si l'on ne veille sans cesse à l'entretenir. Après avoir
procuré à la Justice de dignes Ministres, il faut donc
prendre des précautions sûres pour les lui conserver
tels. Et c'est ce qui est bien difficile. Néanmoins,
nous oserons proposer à cet égard un projet de reglement qu'on trouvera peut-être rigoureux, mais qui
obtiendra sans doute l'approbation de ceux qui
aiment sincerement la vertu. Nous n'entrerons point
ici dans le détail des diverses dispositions de ce
réglement. Ceux à qui il plaira n'ont besoin d'au-
cunes observations de notre part ; quant à ceux à qui
il déplaira, tout ce que nous pourrions dire ne sau-
roit les déterminer à l'agréer. Il est des vérités dont
la preuve est dans la volonté de ceux à qui on les
propose.

Ce n'est pas assez d'établir une discipline sévère :
Il faut la faire observer. A qui sera confié le main-
tien de cette discipline ? Sera-ce un Chef de chaque
Tribunal ? Mais ce chef sera un homme ; un être
par conséquent sujet à se corrompre, & qui lui même
a besoin d'être surveillé. D'ailleurs ce chef du
Tribunal ne cherchera t-il pas aussi bien que les
autres membres à secouer un joug qui lui est commun avec eux ?

Le meilleur moyen de maintenir la discipline
dans toute sa vigueur, ne seroit-ce pas de confier ce soin à ceux mêmes qui, sans en supporter
le joug, en retirent tout l'avantage, & sont par
conséquent interessés à la faire rigoureusement
observer ? Les Tribunaux de Justice étant établis
pour le bonheur des Citoyens, & les appointemens des Officiers de ces Tribunaux étant payés
par les Citoyens, quel inconvénient y auroit-il

que ce fuſſent les Citoyens qui veillaſſent au maintien de la diſcipline, & qu'en conſéquence les Tribunaux Municipaux formés des repreſentans des Citoyens puſſent exercer une certaine juriſdiction relativement à la diſcipline judiciaire ? cette propoſition révoltera peut être quelques perſonnes un peu trop accoutumés à ce qui s'eſt fait juſqu'à ce jour ; mais les Magiſtrats qui n'oubliront pas & qui ſe feront gloire d'être Citoyens, ne trouveront probablement rien de révoltant dans ce qu'on propoſera ſur ce ſujet.

On va maintenant préſenter les deux Chapîtres qu'on avoit annoncés.

CHAPITRE SECOND.

Du choix des divers Officiers de Juſtices.

COMME ce Chapître eſt fort étendu, on l'a diſtribué en diverſes ſections & quelquefois chaque ſection en divers paragraphes. On ſe rappelle que c'eſt par la voie du concours & en même tems de l'élection qu'on a propoſé de donner les divers offices & places de judicature. Il ſemble intéreſſant que ce concours s'ouvre avec une certaine dignité qui en annonce l'importance. Ce Chapître contient ce qu'on propoſe en général d'obſerver pour le choix des Officiers; mais on préſentera dans un autre Chapître quelques modifications pour l'année, où ſe fera la réforme, & les anciens Officiers n'auront point à ſe plaindre du réformateur. (*En idée.*)

ARTICLE PRÉLIMINAIRE.

Que tous les offices ou places de Magiftrats, d'Avocats & d'Huiffiers, tant dans les Cours que dans les Bailliages, fe donnent au concours, à l'exception néanmoins des Offices de premiers Préfidens & Procureurs généraux qui feront à la nomination pure & fimple de Sa Majefté.

On pourroit faire la même exception pour les Offices de Préfidens ou Lieutenans Généraux des Bailliages & de Procureurs du Roi.

Quelques Avocats, fous prétexte que *leur état eft libre*, s'oppoferont à ce qu'il foit établi un certain nombre d'offices ou places d'Avocats & furtout à ce que ces offices ou places foient donnés au concours. On répond à ces Avocats que pour qu'un état foit libre, il n'eft pas néceffaire que quelques Députés puiffent, *à leur gré*, en exclure qui bon leur femble, mais qu'il fuffi que tout citoyen vertueux & qui aura le talent néceffaire, puiffe y parvenir & c'eft ce qui arrivera fi notre plan eft admis. Lorfqu'on s'éleve avec vigueur contre le Defpotifme & l'Ariftocratie, doit-on écouter les clameurs de la defpotique Ariftocratie à laquelle *l'Ordre efclave* des Avocats de Paris, a jugé à propos de refter jufqu'a ce jour fi fervilement affujéti.

Que les Anciens Avocats, fi accoutumés à tyrannifer les jeunes, ne craignent point que ceux ci ne trouvent dans le concours une voie affurée pour fe venger. Notre plan préfervera ces Anciens de la honte d'être vaincus par ceux que jufqu'ici ils ont tyrannifés. On trouvera fans ceffe dans ce plan des preuves de notre refpect profond pour L'ANCIEN-NETÉ

SECTION PREMIERE.

De la publication des concours & de l'admiſſion des Candidats.

ARTICLE PREMIER.

QU'AUPRÈS de chaque Cour Souveraine s'ouvrent à diverſes époques (ou à la même) deux ſortes de concours, les uns pour les Offices vacans, dans la Cours Souveraine même, les autres pour les Offices vacans dans les Bailliages relevant de cette Cour.

Si les concours pour les offices des Bailliages ſe feſoient dans les Bailliages mêmes, il y auroit moins de concurrens & moins d'émulation ; les Juges & le public ſeroient plus portés à favoriſer les citoyens du reſſort du Bailliage que les étrangers & les place ceſſeroient d'être données au mérite le plus éminent.

ART. II.

Que tous les ans dans toute l'étendue du Royaume, & le même jour, à l'audience des Cours & autres juriſdictions Royales ſoient lues & publiées des lettres du Roi, indiquant l'ouverture générale des Concours & contenant invitation à tous Citoyens de mœurs irréprochables & de capacité ſuffiſante de s'y rendre pour être pourvus, s'ils en ſont trouvés dignes des Offices ou places actuellement vacans

ou qui vacqueront avant l'ouverture (*) des Concours, qu'aux dites lettres foit annexée la lifte générale de tous les Offices ou places de Magiftrats,
d'Avocats & d'Huiffiers qui feront vacans dans toute
les jurisdictions Royales, & que lecture de ladite
lifte foit également faite par le Greffier ou Confeiller-Secrétaire.

A r t. I I I.

Que le même jour les Officiers des Bailliagès,
précédés d'un Héraut, fe tranfportent à cheval à
l'Hôtel ou maifon de Ville & y faffent publier à l'audience de la municipalité les lettres du Roi & la
lifte générale des Offices ou places vacans.

Que ce héraut foit accompagné d'une Mufique guerriere
propre à réveiller les citoyens les plus affoupis, à échauffer
& embrafer les plus froids & les plus glacés. Les fens font
les portes du cœur.

A r t. I V.

Qu'après cette publication les officiers du Bailliage, accompagnés de ceux de la municipalité, tous
à cheval & efcortés d'un détachement de la Garde
Nationale, fe tranfportent dans toutes les places
de la Ville ; que le Héraut y publie les lettres du
Roi & la lifte générale des Offices & places vacans
& qu'enfuite au nom du Roi & de la Patrie il invite
& fomme tous les Citoyens de mœurs irréprochables

---

(1) Ou même avant la clôture.

& de capacité suffisante, de se rendre aux Concours pour être pourvus des Offices ou places dont ils seront trouvés dignes.

La cérémonie seroit terminée en rentrant dans la salle d'Audience du Bailliage jusqu'où les Officiers Municipaux accompagneroient ceux du Bailliage. Il est bien difficile de croire qu'une pareille cérémonie ne produiroit aucun effet.

L'établissement d'une Garde Bourgeoise est l'unique moyen d'assurer la liberté, & dès le 21 Avril 1789 l'Auteur l'avoit demandé.

A R T. V.

Que la lecture & publication desdites lettres & de la liste générale des Offices ou places vacans soit faite au prône des messes paroissiales de toutes les Eglises du Royaume, & que copie desdites lettres & de ladite liste soit insérée dans les papiers publics & affichée dans les principales places de toutes les Villes du Royaume.

A R T. V I.

Que dans un mois, à compter du jour de la publication, ceux qui désireront être admis aux Concours, inscrivent ou fassent inscrire leurs noms, surnoms, âges & demeures pendant les cinq dernieres années au greffe (ou secrétariat) de la Cour près de laquelle seront établis les Concours auxquels ils se destineront, avec indication des places ou Offices pour lesquels ils se présentent.

Cette inscription doit pouvoir se faire même par une lettre qu'on affranchira & qu'on adressera au Greffier ou Secrétaire de la Cour. Il doit être permis de se présenter pour toutes les places proposées aux divers concours établis près dela même Cour.

A r t. V I I.

Avant de pouvoir faire cette inscription , que les Candidats soient tenus de justifier a u Secrétaire ou Greffier de la Cour de ce qui suit ; sçavoir ,

Pour les Offices d'Huissier , dans les Bailliagess, qu'ils ont vingt-un ans accomplis.

Pour ceux des Cours , qu'ils ont vingt-cinq ans accomplis & qu'ils ont exercé les fonctions d'Huissier dans un Bailliage au moins pendant deux ans ;

Pour les Offices ou places d'Avocat dans un Bailliage , qu'ils ont vingt-un ans accomplis & qu'il ont reçu les grades de Bachelier ou Licentié en droit (*)

Pour les Officiers , ou places d'Avocat en une Cour Souveraine , qu'ils ont vingt-cinq ans accomplis & qu'ils ont exercé les fonctions d'Avocat dans un Bailliage au moins pendant deux ans ;

Pour les Offices de Conseiller dans un Bailliage , qu'ils ont vingt-cinq ans accomplis & ont exercé la profession d'Avocat pendant trois ans dans un Bailliage ou pendant un an dans une Cour Souveraine.

Pour les Offices d'Avocat du Roi , qu'ils ont vingt-sept ans accomplis , & ont exercé les fonctions de Juge pendant deux ans , ou la profession d'Avocat pendant trois ans dans une Cour ou pendant cinq dans un Bailliage ;

(*) A moins qu'on ne supprime les grades comme inutiles , surtout si les places ne se donnent plus qu'au concours,

Pour les Offices de Préfident ou Lieutenant genéral de Bailliage, (fi on les donne au Concours) & ceux de Confeillers dans les Cours, qu'ils ont trente ans accomplis, & ont exercé les fonctions de Juge pendant cinq ans, ou celles d'Avocat du Roi pendant trois ans, ou la profeffion d'Avocat pendant fix ans dans une Cour, ou pendant huit ans dans un Bailliage.

Pour les Offices d'Avocats Généraux qu'ils font âgés de vingt-trois ans accomplis & qu'ils ont exercé les fonctions de Juges pendant deux ans dans une Cour Souveraine ou pendant fept dans un Bailliage ou celle d'Avocat du Roi pendant cinq, ou enfin la profeffion d'Avocat pendant huit ans dans une Cour Souveraine.

Pour les Offices de Préfidens dans les Cours (autres que ceux de Premiers Préfidens) qu'ils ont trente-cinq ans accomplis & ont exercé pendant trois ans les fonctions d'Avocat général, ou pendant cinq celles de Confeiller dans une Cour Souveraine ou de Préfident ou Lieutenant général d'un Bailliage, ou pendant dix ans, les fonctions de Confeiller dans un Bailliage, ou la profeffion d'Avocat pendant douze ans dans une Cour Souveraine.

On trouvera peut-être un article inutile, fi l'on établit les Concours ; mais qu'on fonge que cet article fert à affurer davantage la capacité des Afpirans, à prévenir l'effet des condefcendances repréhenfible que les examinateurs pourroient avoir pour quelques-uns des Candidats, trop de précautions ne fauroient nuire.

On trouvera peut-être mauvais, par exemple, que nous ne propofions pas de n'amettre que des Confeilliers aux concours qui feront établis pour les Offices de Préfidens. En admettant à ces concours de fimples Avocats, nous croyons avoir trouvé un moyen infaillible d'exciter l'émulation des Confeillers

qui,

qui, au lieu de fe négliger & de s'en ormir, pour ainfi dire,
fur les fleurs de lys , feront tous leurs efforts pour n'être
point furpaffés par les Avocats.

A R T. V I I I.

Que ceux qui auront exercé les fonctions de Subf-
tituts du Procureur Général de Sa Majefté dans une
Cour Souveraine, foient affimilés aux Avocats du
Roi des Bailliages & que les Subftituts des Procu-
reurs du Roi, foient affimilés à des Avocats de Cour
Souveraine.

A R T. I X.

Que ceux qui auront exercé la profeffion de Procureur dans une Cour Souveraine foient affimilés
aux Avocats des Cours Souveraines , & les Procureurs des Bailliages aux Avocats de ces Tribunaux.

En conféquence de fimples Procureurs pourront donc être
admis aux concours, même pour les Offices de Préfidens des
Cours Souveraines ? & pourquoi pas , fi ces Procureurs ont les
vertus & les talens néceffaires ? Dans un plan où l'on propofe de
n'accorder tout qu'au mérite , peut-on faire aucune diftinction
entre les Citoyens ? que l'on foit bien perfuadé que l'ignorance
& la friponerie ne font pas plus de l'effence du Procureur
que la morgue & la fuffifance ne font de l'effence du Magiftrat & de l'Avocat. Et enfin que l'on fonge que l'on ne pourra
obtenir aucun Office ou place , fans avoir fubi les épreuves les
plus rigoureufes & vaincu une foule de concurrens. Ceux
qui voudront empêcher les Procureurs ou les Avocats de
parvenir aux premiers Grades judiciaires, n'ont qu'à les vaincre.
Gentilhommes, furpaffez-nous toujours en mérite & nous
vous verrons toujours avec plaifir à notre tête.

E

A r t. X.

Que les Secrétaires des Premiers Préfidens , &
des Procureurs & Avocats Généraux foient affimilés
aux Citoyens qui jufqu'ici ont exercé les fonctions
d'Avocats oude Procureurs dans les Cours.

Quel inconvénient y auroit-il qu'un Citoyen honnête qui
peut-être pendant dix ans a fait dans l'obfcurité tout le
travail d'un Avocat-Général en exerçât lui-même publiquement les fonctions ? Faudra-t-il toujours que ceux qui ne
travaillent ni ne fement, recueillent & moiffonnent ? Qu'on
fonge fans ceffe aux rigoureufes épreuves auxquelles, felon
notre plan, tout Afpirant fera foumis.

A r t. X I.

Le délai d'un mois, fixé par l'article 6 de la préfente fection, étant expiré, qu'il foit fait par le
Greffier où Confeiller Secrétaire de chaque Cour
Souveraine une lifte de ceux qui fe feront fait infcrire au nombre des Candidats, contenant leurs
noms, âge & demeures pendant les cinq dernieres
années; que ces diverfes liftes foient imprimées &
inférées dans les papiers publics; que la lecture &
publication s'en faffe au prône des meffes Paroiffiales de *toutes* les églifes du Royaume, & à l'audience de *toutes* les Jurifdictions, avec prière,
invitation & même injonction à tout Citoyen de
révéler les empêchemens qu'il connoîtra à l'admiffion de quelqu'un des Candidats, notamment pour
faits arrivés *pendant les cinq dernieres années*, ou
délit grave commis antérieurement; qu'en outre

copie defdites liftes foit mife fous grille ou verre,
dans des tableaux qui demeurent placés pendant un
mois dans un des endroits les plus vifibles de toutes
les églifes Paroiffiales & des auditoires de toutes les
Jurifdictions du Royaume.

Il peut fe faire qu'un Citoyen ait commis un délit, même
fort grave , dans quelque endroit fort éloigné de fon domicile , & dont peut - être ne fe doute aucun de ceux qui le
connoiffent. Il eft donc intéreffant qu'il n'y ait pas, pour
ainfi dire, un feul individu qui ne fache quels font ceux
qui afpirent aux charges & qui ne puiffe prévenir la fur-
prife que quelqu'un d'eux voudroit faire à la Patrie. Trop
de précaution ne fauroit nuire & la plus légere négligence
peut avoir des fuites funeftes.

A R T. X I I.

Qu'un mois après ces publications , les curés &
Secrétaires qui les auront faites foient tenus d'en
envoyer des certificats aux Procureurs ou Premiers
Avocats Généraux des Cours, (de juftice) & que
chaque certificat contienne mention des oppofitions
furvenues.

A R T. X I I I.

Que nulle oppofition à l'admiffion des Candidats
ne foit motivée , mais qu'elle ne puiffe être reçue
par les Curés ou Confeillers-Secrétaires, fi l'acte qui
la contiendra n'eft figné de celui à la requête duquel
elle fera faite, avec élection de domiciledans le lieu
où fera établi le Concours, & s'il n'y joint la quittance de l'amende qu'il aura préalablement confignée , foit au Greffe ou Secretariat du fiége Royal

du lieu où l'oppofition fera faite, ou à celui de la
Cour près de laquelle le Concours fera établi ; que
cette amende foit de 30 liv. pour les Offices des
Bailliages & de 60 liv. pour ceux des Cours , applicable à la caiffe générale des fecours ou aumônes, fi
l'oppofition n'eft point jugée valable.

Une amende modérée préviendra les oppofitions téméraires :
une amende confidérable empêcherôit les oppofitions les mieux
fondées. L'oppofition n'étant point motivée, le candidat qui
fe fentira coupable pourra prévenir tout éclat en fe retirant du
concours , & alors l'oppofant retirera fon amende, ainfi qu'on
l'indiquera plus bas.

A r t. X I V.

Que trois mois après la publication des Concours
dont il eft parlé en l'article fecond de la préfente
fection , ceux qui afpirent aux Offices ou places de
Cour Souveraine & quatre mois après ladite publication , ceux qui fe deftinent aux places ou Offices
des Bailliages , fe préfentent, le jour indiqué par les
lettres d'invitation , au Parquet des Gens du Roi
en la Cour près de laquelle fera établi le Concours
auquel ils defireront être admis; que chacun des
Candidats repréfente fon extrait baptiftaire ; les
diverfes pièces qui juftifient qu'il a fatisfait à ce qui
eft prefcrit par l'article 7 & extrait des procès-verbaux des informations de vie & mœurs faites dans
toutes les Municipalités des lieux où il aura demeuré
pendant les cinq dernières années ; que toutes ces
pièces foient vérifiées par le Procureur-Général
conjointement avec tous les Avocats Généraux &
en préfence de tous les Candidats, lefquels pour-

ront faire telles obfervations qu'ils jugeront à propos & auxquelles les Gens du Roi auront tel égard qu'il appartiendra ; que leur décifion s'exécute par provifion, fauf à la partie lefée à fe pourvoir en la Cour.

A R T. XV.

S'il y a eu quelque oppofition formée à l'admiffion d'un Candidat, qu'on n'y ait aucun égard, fi l'oppofant n'eft préfent ou n'a envoyé fes motifs au Procureur Général ; s'il y a lieu de ftatuer fur cette oppofition, & que le Candidat, après avoir pris lecture des motifs, perfifte à refter, qu'il foit prononcé provifoirement fur cette oppofition par le Procureur Général affifté des Avocats Généraux, en préfence de tous les Candidats, fauf aux parties à fe pourvoir enfuite en la Cour ; qu'en ce cas les décifions qui interviendront foient de deux efpèces, les unes qui rejetteront un Candidat comme indigne, les autres qui déclareront fimplement qu'il n'eft pas en règle ; que dans l'un & l'autre cas l'amende foit rendue à l'oppofant & que dans le premier cas, c'eft-à-dire, fi le fujet eft déclaré indigne, il foit condamné à une amende égale à celle qui aura été confignée par l'oppofant, applicable moitié audit oppofant & l'autre moitié à la caiffe générale des fecours ou aumônes & en totalité à ladite caiffe, en cas que l'oppofant refufe de recevoir fa part de ladite amende.

Art. XVI.

Les titres de chaque Candidat étant vérifiés, qu'il foit fait une lifte de ceux qui auront été admis au Concours & qu'en repréfentant une copie de cette lifte tout oppofant puiffe retirer l'amende par lui confignée, fi celui à l'admiffion duquel il avoit formé oppofition n'eft point infcrit fur cette lifte.

Ainfi la réputation d'un Candidat ne fera, s'il ne veut, jamais compromife.

Art. XVII.

En cas qu'il fe préfente moins de trois fujets pour une place ou Office de Bailliage, ou moins de cinq pour un Office ou place de Cour Souveraine, que pour completer ce nombre puiffent être admises au Concours les perfonnes qui fe trouveront les moins éloignées d'avoir fatisfait à ce qui eft indiqué par l'Article 7 de la préfente fection.

Cette difpofition peut-être appliquée à tous les autres cas femblables.

SECTION SECONDE.

Des Juges du Concours.

Qu'aussitôt après leur admission, les Candidats choisissent les Juges du Concours de la manière & parmi les personnes qui vont être indiquées.

§. Ier.

Choix des Juges du Concours pour les Offices & Places de Magistrats & d'Avocats.

ART. PREMIER.

Que le nombre des Juges du Concours soit de douze, & qu'ils soient présidés par le Procureur-Général, & en cas d'empêchement légitime par le plus ancien des Avocats-Généraux.

ART. II.

Que de ces douze Juges, six soient élus par les Candidats, parmi les Magistrats de la Cour Souveraine, près de laquelle sera établi le Concours & les six autres parmi des Avocats inscrits sur le Tableau de cette Cour, & ayant exercé

E 4

leur profeſſion , (ou celle de Procureur) ſoit dans cette Cour ou autre , pendant vingt-ans.

Art. III.

Que préalablement à l'élection des Juges & en préſence du Procureur-Général , les Candidars éliſent à haute voix deux d'entre eux pour ſcrutateurs , & que ces deux ſcrutareurs ſe placent près du coffre ou vaſe deſtiné à recevoir les bulletins.

Art. IV.

Que chaque Candidat écrive ſur un carré de de papier les noms de ſix Magiſtrats , & de ſix anciens Avocats , & dépoſe ce bulletin dans le vaſe ou coffre , en préſence de toute l'Aſſemblée.

Art. V.

Qu'auſſi-tôt que les bulletins auront été recueillis , la vérification en ſoit faite , en préſence de l'Aſſemblée , par le Procureur - Général de Sa Majeſté & les deux ſcrutateurs ; que les ſix Magiſtrats & les ſix anciens Avocats qui auront réuni le plus de ſuffrages , ſoient juges du Concours & que les trois Magiſtrats & les trois anciens Avocats qui enſuite auront obtenu le plus de ſuffrages , ſoient les ſuppléans des Juges du Concours.

Art. VI.

En cas que le nombre des anciens Avocats ne

puisse suffire, qu'on en choisisse de moins anciens.

Art. VII.

L'élection étant faite, que le Procureur-Général demande aux Candidats s'ils veulent récuser quelques uns des juges élus & que conjointement avec les autres Candidats, il juge sur le champ de la validité ou invalidité de la récusation & que le jugement soit exécuté par provision, sauf au récusant à se pourvoir en la Cour, s'il le juge à propos.

Art. VIII.

Que tout Juge, parent ou allié au 4e. degré de l'un des Candidats, soit rejetté ; cependant si la parenté leur est déclarée, qu'il puisse rester, *si tous y consentent.*

Art. IX.

Que la récusation soit valable si le Candidat a, ou a eu contre l'un des Juges un procès considérable & tel qu'il y ait lieu de craindre qu'il n'ait fait naître une inimitié violente entr'eux.

Art. X.

Qu'on ait aussi égard aux trop grandes liaisons d'amitié ou d'intérêt qui pourroient exister entre l'un des Candidats & quelqu'un des Juges.

Art. XI.

Lorsqu'un des Juges aura été valablement récusé, ou qu'il lui sera survenu quelque empêchement, qu'il soit remplacé par un autre pris au sort parmi les suppléans.

Art. XII.

Si le nombre des suppléans se trouve épuisé, qu'il soit procédé à l'élection du nombre de Juges qui seront nécessaires & qu'il soit choisi en outre au moins quatre suppléans.

Art. XIV.

Que des suppléans, au moins deux, savoir un Magistrat & un Avocat assistent aux divers examens pour opiner dans le cas où l'un des Juges qui y auroient assisté, se trouveroit dans l'impossibilité de donner son suffrage.

§. II.

Choix des Juges du Concours pour les Offices d'Huissiers.

Article Premier.

Qu'il soit choisi en la manière indiquée ci-dessus huit juges, savoir, quatre huissiers de la Cour Souve-

raine & quatre experts Ecrivains, & quatre fuppléans , favoir, deux Huiffiers & deux experts
Ecrivains.

A R T. I I.

Que ces Juges foient préfidés par un Magiftrat
commis par le Procureur Général de Sa Majefté ; &
qu'au furplus foit obfervé ce qui eft indiqué dans le
paragraphe précédent.

SECTION TROISIEME.

De l'ouverture des Concours.

A R T. P R E M I E R.

Que le lendemain, ou autre jour le plus prochain
de l'élection des Juges du Concours, fe faffe l'ouverture folemnelle des Concours en cette manière ;
Qu'il foit célébré une meffe à laquelle affifteront
ceux des Juges & des Candidats qui feront Catholiques (*) ; qu'enfuite les trois claffes de Candidats

---

* De bons Proteftans ne valent-ils pas bien tant de Catholiques, dont toute la catholicité confifte à avoir été baptifés dans
une Eglife Catholique ? Qu'on exclue, fi l'on veut, des charges les Proteftans, mais auffi qu'on en exclue les Déiftes & les
Athées. Il eft révoltant que ce foient en général les plus mauvais Catholiques, qui s'oppofent le plus vivement à tout ce qui
peut être avantageux aux Proteftans.

& leurs Juges fe rendent dans une falle commune ;
qu'en leur préfence foit lue la lifte des Offices ou
places qui fe trouveront alors vacans & qu'il foit
prononcé par un des Magiftrats ou Avocats reçus
l'année précédente , un difcours relatif à la
circonftance.

A R T. I I.

Que le jour même , & auffi-tôt après que le
difcours aura été prononcé , les Candidats fe
retirent dans diverfes chambres , pour fubir le premier examen , dont l'objet fera d'écarter ceux
qui fe trouveront évidemment trop foibles ;
que néanmoins , fi quelques-uns de ceux-ci defi-
roient refter jufqu'à la fin du concours , on leur
accorde cette fatisfaction. Que ce premier examen
fe faffe à huis clos ; (afin d'éviter toute mortifica-
tion aux Candidats trop foibles.)

A R T. I I I.

Que le lendemain ou deux jours après , commencent les examens publics aux heures qui feront
indiquées par des programmes affichés aux portes
du Palais & ailleurs.

SECTION QUATRIEME.

Examens & épreuves des Candidats.

§. Ier.

Pour les Offices d'Huiffiers.

A R T. Ier.

QUE les Candidats qui fe deftinent aux places d'Huiffiers, foient examinés tous enfemble, trois fois à trois jours différens, fur-tout ce qui peut être relatif aux fonctions d'Huiffier; qu'après chaque examen les Juges infcrivent fur un regiftre les noms des Candidats, felon l'ordre de leur mérite ou capacité.

A R T. I I.

Que les Candidats faffent à trois jours différens des corps d'écriture en préfence des Experts-Ecrivains, & que chaque jour ceux-ci infcrivent le nom des Candidats, felon l'ordre de leur capacité.

A R T. I I I.

Que les Juges indiquent d'abord celui que chacun d'eux aura jugé fupérieur à fes concurrens, & que le nom de celui qui aura réuni le plus de suffrages foit infcrit le premier ; que la même chofe foit obfervée , pour déterminer le fecond, & ainfi de fuite.

§. I I.

Pour les places d'Avocats.

Beaucoup d'Avocats s'éleveront peut-être contre l'établiffe-ment d'un Concours pour les places d'Avocats. Mais n'eft-il pas vrai que la profeffion d'Avocat exige des connoiffances par-ticulieres que tout le monde certainement ne pofsède pas : N'eft-il pas encore vrai qu'il eft intéreffant que cette profeffion ne fo t confiée qu'à des perfonnes en état de l'exercer ? Enfin n'eft-il pas vrai que beaucoup trop de gens & de gens incapables de l'exer-cer dignement, ofent l'embraffer au grand fcandale & en même-tems au grand préjudice du public ? Le Concours remédie à tous ces inconvéniens. Il exclue tous ces hommes pius que mé-diocres, qui ne fe propofent que de faire des rôles & de ga-gner de l'argent. Il offre aux talens une occafion de fe faire con-noître , dès leur entrée au Barreau, fans le fecours d'aucun *Protecteur*, à les délivrer de l'ignominie de ramper honteufement, avant de pouvoir fortir de l'oubli. Si notre plan déplaît à la gé-nération qui va s'éclipfer , il ne fera peut-être point défagréa-ble à celle qui brule de paroître , & qui a plus d'une fois mur-muré des entraves odieufes dans lefquelles on s'eft plû jufqu'à préfent à la captiver. Ce n'eft point la liberté de l'ordre des Avo-cats qu'on veut détruire, c'eft au contraire fa fervitude qu'on veut anéantir. Que l'accès du Barreau devienne libre à quicon-que réunira la capacité aux bonnes mœurs. Voilà tout ce qu'on demande & ce qu'on obtiendra fans doute malgré les efforts re-doublés de ce Tribunal fantaftique , qui veut ériger tous fes ca-prices en Loix auxquelles , felon lui, nulle puiffance humaine ne fauroit porter atteinte. Trois ou quatre cens Avocats de Paris , pour ne pas dire, l'ordre entier, déteftent affez cordia-lement le Tribunal dont on vient de parler, & le laiffent cepen-dant les couvrir de honte par fes bizarreries que les gens peu inftruits attribuent à l'ordre entier.

A r t. 1er.

Qu'en préfence du Public on interroge les Candidats , & qu'ils répondent de vive voix fur le droit & la procédure , (qui fera fort fimple & fort facile à apprendre , fi l'on adopte notre plan) & que les Juges infcrivent leurs noms fur un regiftre , par ordre de mérite , comme il eft indiqué par l'article 3 du paragraphe précédent. Que cette épreuve foit faite trois fois , à trois jours différens.

A r t. I I.

Qu'on propofe auffi aux Candidats , à huis clos , une ou plufieurs queftions par écrit , en forme de Mémoire à confulter ; qu'ils y répondent par écrit , en forme de confultation , qu'en préfence de deux Juges du concours ils rédigeront dans la falle d'examen , fans déplacer , & que, fans la figner , ils dépoferont dans une boëte , placée dans cette falle. Que dès le jour même , au plus tard le lendemain , les Juges examinent ces confultations dans un bureau particulier , hors la préfence des Candidats & du Public ; & quand l'examen fera fini , & le plutôt qu'il fera poffible après cet examen , que lecture de ces confultations foit faite en public , felon l'ordre du mérite ; qu'après la lecture de chacune , celui qui en fera l'auteur le déclare , & vienne reconnoître l'écriture & figner la confultation , & qu'auffi tôt fon nom foit infcrit fur le regiftre. En cas qu'il furvienne quelque conteftation , par exemple , fi l'un des Candidats prétend être Auteur d'une confultation qu'un autre

reclame, qu'il en foit fait note fur le champ, &
qu'il ne foit fait droit fur la conteftation par les
Juges du concours qu'après la leĉure de toutes
les confultations, * que cette épreuve foit faite
trois fois, ou au moins deux.

A r t. I I I.

Que l'on donne aux Candidats des extraits ou
copie de pièces & autres inftruĉions propres à former des doffiers, & qu'enfuite ils compofent des
Plaidoyers & Mémoires, & que cette épreuve foit
faite deux fois en la manière qui va être indiquée.
Première épreuve :

.I. Qu'une partie des Candidats foit tenue de
faire des Plaidoyers pour un même défendeur,
dans un bref délai qui leur fera prefcrit.

I I. Quand le tems prefcrit fera écoulé, que
chaque Candidat remette dans une boëte, placée
au mileu de la falle du concours, fon Plaidoyer écrit
de fa main, mais non figné & fans aucune marque
qui puiffe le faire reconnaître; que ce Plaidoyer
puiffe être lu en une demi-heure.

III. Auffi-tôt que le délai prefcrit pour faire les
Plaidoyers fera expiré, que la boëte foit ouverte &
que les Plaidoyers qui s'y trouveront foient feuls
examinés.

IV. Auffi-tôt que cet examen fera fini, qu'il foit
fait en public leĉure de ces Plaidoyers; & que

---

* Après cette leĉure, chacun aura reconnu fon ouvrage & fa
conteftation n'aura plus d'objets. Si l'on demande que les confultations ne foient point fignées & ne portent aucune marque diftinc-
tive, c'eft pour prévenir toute faveur & partialité.

l'on

l'on obſerve tout ce qui eſt preſcrit ci-deſſus à l'égard des conſultations. Néanmoins pour ménager le tems, quand on aura lu un certain nombre de Plaidoyers, que les autres ne ſoient lus qu'autant que ceux qui en feront les Auteurs le demanderont, & en cas qu'ils ne le demandent pas, que l'on ſe contente d'écrire leurs noms ſur le regiſtre, ſelon l'ordre du mérite de leur ouvrage.

Les Candidats feroient ces plaidoyers dans leurs Cabinets, & on leur repréſenteroit préalablement que l'honneur & la conſcience ne leur permettent de communiquer leur travail à perſonne. Nous indiquerons un moyen de punir la fraude qui pourroit être commiſe. Il faut que ce délai ſoit fort court ; d'abord pour laiſſer peu de tems à la fraude, enſuite parce qu'on ne doit admettre aux places d'Avocats que des gens expéditifs. Tout le monde n'a pas de facilité, dira-t-on. Faut il que tout le monde ſoit Avocat ? Celui qui n'a jamais ſu écrire que d'une manière indéchiffrable, s'eſt-il jamais aviſé de ſe préſenter à l'Académie d'écriture pour s'y faire recevoir ? Celui qui n'aura pas aſſez de facilité pour ſe faire recevoir Avocat, embraſſera un autre état. *Soyez Maçon, ſi c'eſt votre talent.*

V. Que celui des Plaidoyers qui aura été jugé le meilleur, ſoit imprimé ſur le champ, & qu'un exemplaire en ſoit délivré à chacun des Candidats.

En une demie heure on peut dire bien des choſes, & en deux heures on en peut dire fort peu. La préciſion eſt une qualité néceſſaire à l'Avocat. Son miniſtère a pour objet d'éclairer les Juges & de faciliter l'expédition des procès. Que tout homme qui ne ſait que noyer ſes penſées dans un déluge de mots ſoit exclus de la profeſſion d'Avocat.

VI. Après avoir reçu ce Plaidoyer, que les Candidats, chargés des intérêts du Défendeur, faſſent leurs Plaidoyers, pour lui, dans le bref délai qui leur fera prefcrit ; que chacun de ces Plaidoyers puiffe être lu en une demi-heure , & qu'au furplus foit obfervé ce qui eft prefcrit ci-deffus , relativement au premier plaidoyer.

VII. Que le meilleur de ces Plaidoyers foit imprimé , & que les Avocats du Demandeur y répliquent par un Plaidoyer d'un quart - d'heure de lecture ; que la meilleure de ces répliques foit imprimée , & que des exemplaires en foient diftribués à tous les Candidats.

VIII. Enfin, que les Avocats, tant du Demandeur que du Défendeur , faffent pour leurs parties un Mémoire ou Précis qui puiffe être lu en moins d'une demie-heure.

Si notre plan eft fuivi , on verra paroître dans les Concours des chefs-d'œuvre de précifion ; bientôt une éloquence mâle & nerveufe établira fon empire au barreau, & les caufes & procès feront inftruits & jugés avec autant de jufteffe que de célérité.

Seconde épreuve :

I. Qu'une feconde caufe foit donnée aux Candidats ; que la partie, qui dans la première aura eu le rôle du Demandeur, ait dans celle-ci le rôle du Défendeur , & que celle qui avoit le rôle du Défendeur ait celui du Demandeur.

II. Pour ménager le temps , que les Candidats s'occupent de cette feconde caufe , pendant que les Juges examineront les Plaidoyers & Mémoires de la première ; c'eft-à-dire , qu'après avoir fait le Plaidoyer de la première caufe, les Candidats faffent celui de la feconde , & ainfi de fuite.

A r t. I V.

Dans le cas où les Candidats prétendroient que
les Confultations, Plaidoyers ou Mémoires, pré-
fentés par l'un d'eux, n'ont point été faits par lui,
s'il ne fe retire pas du concours, qu'on l'affujetiffe
à une nouvelle épreuve, en lui fefant faire, felon
le cas, une Confultation ou un petit Plaidoyer, ou
un Mémoire, dans la falle même du concours, ou
dans un cabinet particulier, fans défemparer, &
fous l'infpection d'un des Juges du concours & des
Candidats, ou de deux d'entr'eux qu'il leur plaira
choifir; s'il paroît évidemment que ce Candidat
eft incapable d'avoir fait un ouvrage tel que celuï
qu'il a préfenté, comme étant de lui, qu'il foit
rejetté, déclaré infâme, * & exclus de tous concours pendant dix ans.

Une pareille fraude eft très-facile à conftater & peut l'être en
très-peu de tems; car à l'infpection d'une feule page de la
nouvelle confultation ou du nouveau plaidoyer, il feroit prefque toujours poffible de reconnoître la mauvaife foi du Candidat & fon impéritie.

On convient cependant qu'il peut fe commettre quelque
fraude qu'il foit impoffible de prouver. Un fujet ne manquant
pas de capacité pourra, à l'aide de quelques fecours, paroître
plus habile qu'il n'eft effectivement; mais ce n'eft qu'un inconvénient léger, furtout fi on le compare aux abus énormes qui
fubfiftent actuellement. D'ailleurs qu'on fonge au grand nombre d'épreuves auxquelles nous propofons d'affujetir les Candidats; fi la fraude les favorife dans quelques-unes, pourra-
t-elle les favorifer dans toutes ? Ajoutons que dans le nombre

---

* Selon notre plan, l'infamie pourra être effacée par dix ans de
conduite exemplaire.

des Candidats il s'en trouvera souvent d'un mérite supérieur à celui des Juges mêmes & capables de surpasser, sans le secours de personne, ceux de leurs concurrens qui auront été secondés par les coopérateurs les plus habiles. Enfin la fraude sera presque toujours rendue inutile par la disposition de l'article premier de la section suivante.

§. I I I.

Pour les Offices d'Avocats Généraux & d'Avocats du Roi.

A r t. Ier.

Qu'on remette aux Candidats des exemplaires des six Plaidoyers , & des deux Mémoires ou Précis , qui , au concours des Avocats , auront été imprimés , comme étant les meilleurs ; qu'on leur remette aussi les extraits ou copies de pièces & autres instructions qui auront formé les dossiers, & qu'ils fassent chacun deux Plaidoyers d'Avocats Généraux.

A r t. I I.

Qu'en outre chaque Candidat compose un discours sur les devoirs de divers Officiers de Justice , ou sur la Légistation.

Que de fraudes , dira-t-on , se commettront , si ce plan est admis ? Pas autant peut-être qu'on se l'imagine. Quel orateur voudra se réduire à la gloire obscure & malhonnête d'avoir fait triompher l'incapacité , tandis que lui même peut aspirer à la dignité qui fait l'objet des vœux de tant de concurrens ; tandis que lui même peut, en l'obtenant, se couvrir d'une gloire aussi juste qu'éclatante ?

Ce ne feront pas, ajoutera-t-on, les Avocats qui favoriſe-ront la fraude ; ce feront des Magiſtrats qui n'auront plus de lauriers à cueillir & qui pourront gratifier leurs amis du ſuper-flu de leurs talens. Soit. Eh bien, auſſi intrépides que Diomede, que les Avocats combattent hardiment & contre les lâches Troyens & contre les Dieux plus lâches * encore qui les protegent, & qu'ils forcent ceux ci à ſe réfugier honteuſement dans l'Olympe.

A R T.   I I I.

Que ces Plaidoyers & diſcours , entièrement écrits de la main des Candidats , ſans ſignature , ni aucune marque diſtinctive , ſoient dépoſés dans une boîte, & qu'ils ſoient examinés , & enſuite lus publiquement , ainſi qu'il eſt preſcrit à l'égard des Plaidoyers des aſpirans aux places de ſimples Avocats.

§. I V.

Pour les Offices de Conſeillers & Préſidens.

A R T.   Ier.

Qu'il ſoit remis aux Candidats des Mémoires faits pour toutes les Parties , dans trois affaires un peu compliquées , avec des extraits ou copies de pièces ; qu'ils rédigent leurs rapports par écrit, & que ſur le dépôt & la lecture de ces rapports, ſoit

---

* Vit-on jamais plus grand poltron que le Mars d'Homère ? Ah ! les pauvres gens que tous les Dieux de ce Poëte !..... comme preſque tous les Dieux de la Terre.

F 3

obfervé ce qui eft prefcrit ci-deffus pour les Plaidoyers.

A R T. I I.

S'il s'agit d'un Office de Préfident, foit d'une Cour ou d'un Bailliage, que les Candidats foient tenus de compofer, en outre, un difcours fur les Loix ou fur les devoirs des divers Officiers de Juftice, comme il eft prefcrit à l'égard des afpirans aux Offices d'Avocat du Roi ou d'Avocat Général.

SECTION CINQUIEME.

De la défignation & élection des Officiers.

ARTICLE PREMIER.

Après que tous les examens & toutes les épreuves feront finis, que les Juges du concours, s'il n'y a qu'une place, ou Office, qui foit propofée, déclarent, dans la falle générale, & en préfence du Public, quels font les trois fujets, qui, tout combinés, fe trouvent fupérieurs aux autres, & que ces Juges motivent leurs avis à haute voix.

A R T. I I.

S'il y a deux places, qu'ils indiquent cinq fujets; fept, s'il y en a trois; neuf, s'il y en a quatre, & ainfi de fuite.

Pour éviter toute confusion, il seroit bon de ne proposer que cinq ou six places par concours ; ainsi s'il y en avoit dix ou douze, il y auroit deux Concours successifs, & ceux qui n'auroient pas réussi au premier se présenteroient au second.

A r t. I I I.

Que les trois sujets désignés par les Juges élisent celui d'entr'eux qu'ils croiront le plus digne de remplir l'Office ou place vacans. S'il y a cinq désignés, qu'ils élisent deux d'entr'eux, & ainsi de suite. Si les suffrages des Electeurs se trouvoient également partagés, que le sort décide entre les élus.

A r t. I V.

Si néanmoins un des Candidats se trouvoit avoir été supérieur à tous ses concurrens, dans tous les examens & épreuves, qu'il soit élu de plein droit, sans avoir besoin du suffrage de ses concurrens.

Il n'y a pas lieu de croire que des Juges choisis avec tant de précaution & surveillés par un public éclairé, osent & puissent commettre neuf ou dix injustices à la fois.

A r t. V.

Que le sujet élu soit présenté au Roi ou à M. le Chancelier ou Garde des Sceaux., par un acte fait au nom des Juges du concours, pour être pourvu de l'Office vacant.

A r t. V I.

Qu'il foit fait une lifte des Sujets élus ; que cette lifte foit inférée dans les papiers publics ; qu'elle foit expofée, pendant quinze jours, dans la principale falle d'audience de la Cour, près de laquelle le concours aura eu lieu ; qu'elle foit notifiée, en ce qui les concerne, aux Officiers des Bailliages, pour lefquels quelques - uns des Elus fe trouveront deftinés, & que l'extrait de cette lifte foit expofé dans leur auditoire.

A r t. V I I.

Que nulle oppofition ne foit reçue fans avoir préalablement configné une amende de 75 livres, s'il s'agit d'un Office d'Huiffier d'un Bailliage, de 150, s'il s'agit d'un Office d'Avocat, de 300 liv. s'il s'agit d'un Office de Confeiller, & de 600 liv. s'il s'agit d'un Office de Préfident ou Lieutenant-Général ; que l'amende foit double, s'il s'agit d'offices ou places de Cour Souveraine ; applicable ladite amende, moitié à l'élu, & l'autre moitié à la caiffe générale des fecours ou aumônes, fi l'oppofition n'eft pas jugée valable.

A r t. V I I I.

Que les Cours Souveraines jugent feules & à des audiences extraordinaires, qui feront accordées fur le champ, de la validité des oppofitions, & condamnent les Oppofans à l'amende, s'ils ne trouvent pas l'oppofition valable ; fi au contraire

ils la trouvent bien fondée , que l'élu foit rejetté &
condamné envers l'Oppofant & les Pauvres , à une
amende égale à celle que l'oppofant aura confignée.

A r t. I X.

Si dans la quinzaine , à compter du jour de
l'élection , il n'eft point furvenu d'oppofition , ou
que celles qui feront furvenues n'aient point été
jugées valables , que l'Elu foit reçu dans l'Office
qui lui eft deftiné , & prète le ferment requis dans
le Tribunal dont dépend ledit Office.

A r t. X.

Si dans l'intervalle d'un concours à l'autre , l'un
des Elus , ou quelqu'autre pourvu d'Office de Juge
ou d'Huiffier , vient à décéder , qu'il foit remplacé
provifoirement par un des Electeurs ou fujets défi-
gnés dignes de l'Office dont il s'agira , lequel prêtera ferment , fera reçu dans ledit Office , en
exercera toutes les fonctions , en percevra tous les
émolumens , & jouira des honneurs qui y font
attachés , jufqu'à ce qué , par la voie du concours ,
& de l'Election , l'Office ait été déféré , foit à lui-
même ou à un autre. Si plufieurs Electeurs fe préfentent pour ledit Office, que l'âge ou le fort décide
entr'eux.

A r t. X I.

En cas qu'il ne fe préfente aucun fuppléant ,
que l'Office foit exercé par provifion , par la per-

fonne qui fera commife par le Tribunal , & qui ne pourra être qu'un Avocat du fiége , s'il s'agit d'un Office de Juge.

CHAPITRE TROISIEME.

Des devoirs & fonctions des Officiers.

SECTION PREMIERE.

Des devoirs généraux des divers Officiers.

A R T. Ier.

Que tout Magiftrat, Avocat & Huiffier , lors de fa réception , faffe ferment , d'obferver fidélement les Loix qui auront été approuvées & fanctionnées dans l'Affemblée Nationale.

A R T. I I.

Que toutes Cours & Bailliages foient tenus d'enregiftrer *purement & fimplement* lefdites Loix , lorfqu'elles ne feront point relatives aux objets , dont la connoiffance aura été attribuée à ces Tribunaux feuls ; & lorfque ces Loix auront un rapport direct à ces objets , que les Cours (du Roi ou de Juftice) aient le droit de ne les enrégiftrer qu'avec des proteftations , dont l'effet fera de ne rendre l'exécution de ces Loix que provifoire, juf

(91)

qu'à la prochaine tenue de l'Assemblée Nationale ;
& dans ce dernier cas , que la Cour, qui aura fait
ces protestations , puisse envoyer des Députés à
l'Assemblée Nationale , seulement pour y présenter ses remontrances , & en prouver la justesse &
la solidité.

Tout Tribunal, quoiqu'il en puisse dire , est Tribunal d'at-
tribution, & n'a droit de connoître que de ce dont la connoissance lui a été attribuée par le Législateur.

A R T. I I I.

Que tout Tribunal , Magistrat ou autre Officier
de Justice quelconque qui auroit enregistré , exécuté ou fait exécuter quelque réglement attenta-
toire à quelqu'un de ceux qui auront été faits par
l'Assemblée Nationale ou qui y auroit porté atteinte , en quelque manière que ce soit , soit poursuivi
extraordinairement devant la Commission intermédiaire des Etats de la Province (autrement de
l'Assemblée Provinciale) ou même devant l'Assemblée Nationale , selon la gravité du crime ,
pour être condamné à la peine ou supplice qu'il
méritera , & qui aura été déterminée par le Code
pénal.

A R T. I V.

Que tout Officier qui aura encouru l'infamie
soit privé sur le champ de son Office , (sauf remboursement, s'il a payé une finance). *

---

* Que ce remboursement ait lieu dans tous les cas où un Officier
sera privé de son office.

On ſpéciſiera dans la ſuite les divers cas où l'infamie ſera
encourue.

A r t. V.

Que tout Officier qui ſe ſera abſenté pendant un
an ſans cauſe légitime, ſoit privé de ſon Office,
& que néanmoins il ait la faculté de ſe préſenter au
concours, même pour cet Office, en ſe conformant
à ce qui eſt preſcrit aux Candidats; & en cas que
le Tribunal Royal néglige d'ordonner cette privation, qu'elle puiſſe être ordonnée par le Tribunal
Municipal, ou qu'au moins ce Tribunal puiſſe
défendre au Tréſorier de la Municipalité de payer
aucuns appointemens à cet Officier du Bailliage, &
même au Bailliage entier.

A r t. V I.

Que tout Officier convaincu d'un libertinage
notoire & ſcandaleux, ſoit privé de ſon Office, &
exclus de tous concours pendant cinq ans. Que les
Tribunaux Royaux & Municipaux connoiſſent con-
curremment & ſans préjudice l'un de l'autre, de
ce libertinage, & que, dès qu'à la Requête du
Cenſeur ou Procureur Syndic de la Municipalité,
le Corps Municipal aura déclaré un Officier d'un
Tribunal Royal, atteint & convaincu d'un libertinage notoire & ſcandaleux, cet Officier ſoit privé
de plein droit de ſon Office, à moins qu'un Arrêt
de la Commiſſion intermédiaire des Etats de la
Province, rendu en connoiſſance de cauſe, n'infirme la Sentence de la Municipalité.

A r t. VII.

Que tout Officier qui aura été condamné à faire réparation d'honneur à quelqu'un, soit privé de son Office, & exclus de tous concours pendant cinq ans; en cas que le Tribunal Royal néglige d'obferver cet article, & le fuivant, que le Tribunal Municipal le faffe exécuter.

A r t. VIII.

Que tout Officier convaincu d'être fujet à s'enivrer, soit privé de son Office, fauf à fe préfenter aux concours, l'année fuivante.

A r t. IX.

Que les Tribunaux Royaux veillent attentivement à l'obfervation de la difcipline judiciaire, & par conféquent à l'exécution de ce qui eft indiqué dans cette Section & les fuivantes, & pour prévenir tout relâchement, que les Tribunaux Municipaux s'occupent eux - mêmes de ce foin; qu'ils foient comptables de leur négligence à cet égard à l'Affemblée Générale des Citoyens du reffort de la Municipalité, & foient même condamnés aux dommages - intérêts envers les Citoyens qui leur auroient inutilement déféré quelques abus, dont ils auroient été victimes.

SECTION SECONDE.

Des devoirs particuliers des Magiſtrats *.

ART. I.

Que tout Magiſtrat ſoit tenu de ſe comporter avec la décence qui convient à ſon état.

ART. II.

Que tout Magiſtrat, convaincu d'adultère (ſoit de ſa part ou de la part de la femme) ſoit privé de ſon Office, & qu'il ne puiſſe être admis que cinq ans après aux concours, & ſeulement pour les places d'Avocats ou d'Huiſſiers.

Néanmoins après avoir exercé l'Office d'Avocat pendant un certain nombre d'années, il ſemble qu'il pourroit être admis au Concours pour les Offices de Magiſtrat.

ART. III.

Même peine pour celui qui ſuccombera dans une accuſation de paternité, lorſque la mère de de l'enfant, de quelle condition qu'elle ſoit, ſera

---

* Ce que contient cette ſeſtion peut & doit s'appliquer aux Membres des Juriſdiſtions municipales & commerçales. Et quel inconvénient y auroit-il de l'étendre à tout Repréſentant d'une partie de ſes Concitoyens?

accouchée avant l'âge de 21 ans accomplis, sur-
tout si le Magistrat est âgé de trente ans ou plus,
pourvu que jusqu'au moment de la grossesse, la
fille ait paru mener une vie honnête.

Art. IV.

Que tout Magistrat surpris dans un lieu de dé-
bauche, ou convaincu de fréquenter des prostituées ou des femmes entretenues & connues pour
telles, soit privé de son Office, & exclus des concours pendant cinq ans.

Est-il un scandale plus pernicieux que celui que donnent ces
femmes, dont les Magistrats ne rougissent quelquefois pas
d'être les premiers esclaves & les premieres dupes ? Les in-
fâmes prostituées, *qui insultent à toutes les heures & dans toutes
les rues de la Capitale à la pudeur-publique*, sont plus propres
à corrompre les corps qu'a séduire les cœurs, & leur vue seule
suffit pour inspirer l'horreur du libertinage à quiconque n'est
pas entiérement dépravé. Mais ces femmes, que l'on regarde
comme des Divinités, ces syrenes enchanteresses qui, aux
graces les plus séduisantes, réunissent les talens les plus admi-
rables, ces êtres à qui, pour être parfaits, il ne manque que
de la vertu, quel Ulysse peut leur échapper ? Quelle impression
dangereuse ne font pas sur l'esprit du vulgaire, & peut-être
de tous les hommes, ces chars légers, où l'on croit voir la
Reine des Fleurs portée sur les aîles des Zéphirs, ces Palais
élégants qui paroissent s'élever du sein de la terre, aux sons de
la lyre d'Amphion ; ces jardins délicieux que l'Art & la Nature
semblent se disputer l'honneur d'embellir ! mais surtout, quelle
atteinte cruelle ne reçoit pas la vertu dans les cœurs mêmes
où elle croioit avoir trouvé un azile inviolable, lorsqu'on ap-
perçoit les Dieux de la Terre qui se font consacrés au culte de
ces idoles, & qui s'empressent de déposer à leurs pieds les
offrandes qu'eux-mêmes ont reçues des mortels ! Tant qu'on
laissera subsister ces abus, toute reforme sera inutile ; mais si
l'on se propose de les supprimer, comme ce ne sera sans doute

que lentement & à mesure seulement que l'on parviendra à s'en détacher (ce qui ne sera pas facile) il faut dès à présent rompre tout commerce entre les Prêtres de Thémis & les Prêtresses de Venus, c'est-à-dire, pour parler français, entre les *Magistrats & les Courtisanes*.

Cet article déplaira sans doute à bien des Citoyens, mais je suis sûr qu'il n'y en aura aucun qui ose le désaprouver par écrit & signer son improbation. On se fait gloire de n'avoir point de mœurs, & cependant on se trouveroit très-offensé d'être surnommé *sans mœurs*.

A R T. V.

Même peine contre celui qui succombera dans une accusation de paternité intentée contre lui, si le crime (ou délit si l'on veut) a été commis avec une femme majeure de 25 ans.

Que celui qui se trouvera dans ce cas prévienne le scandale d'une pareille accusation en assurant le sort de l'enfant. On ne prétend pas proposer de punir les coupables qui se cachent.

A R T. V I.

En cas de récidive, que le Magistrat soit privé de son Office, & exclus pour toujours, ou au moins pendant six ans de tout concours.

A R T. V I I.

Que tout Magistrat qui aura été admonesté soit privé de son Office, sauf à se présenter aux concours l'année suivante.

ART. VIII.

A RT. VIII.

Même peine contre tout Magiſtrat qui aura été empriſonné, pour n'avoir point acquitté une lettre de change, par lui tirée ou endoſſée.

A RT. IX.

Que tout Magiſtrat qui ſe trouvera devoir plus qu'il ne poſſède, ſoit privé de ſon Office, ſauf à ſe préſenter aux concours, lorſqu'il aura payé ſes dettes.

Comment ce Magiſtrat pourroit - il prononcer un jugement d'interdiction contre un prodigue ?

A RT. X.

Que tout Magiſtrat qui aura ſuccombé dans une inſtance en ſéparation de biens, ſubiſſe la même peine.

A RT. XI.

Que tout Magiſtrat qui aura ſuccombé dans une inſtance en ſéparation de corps & d'habitation, ſoit privé de ſon Office, & exclus des concours pendant cinq ans ; pourvu toutefois qu'il ne ſe trouve pas convaincu de libertinage ; auquel cas ſera obſervé ce qui eſt preſcrit en l'article 2 de la préſente Section.

On ſait ce qu'une femme eſt obligée de prouver pour obtenir ſa ſéparation ; oſera-t on ſoutenir que celui contre qui elle

G

preuves suffisantes ont été adminiftrées eft digne d'être Magiftrat? En un mot, un tyran peut-il être un bon Citoyen?

A r t. XII.

Dans le cas où un Magiftrat feroit convaincu
de vivre avec une femme, comme fi elle étoit
fon époufe, quoiqu'ils ne fuffent pas mariés, qu'il
foit obligé de s'en féparer, s'ils n'ont point d'enfans, ou de l'époufer, à peine de perte de fon
Office; & s'il exifte des enfans ou defcendans de
leur conjonction, qu'il foit tenu d'époufer cette
femme, à peine de privation de fon Office, &
d'exclufion à perpétuité de tout concours.

Un Magiftrat qui refufe d'époufer une femme avec laquelle
il vit, & dont il a des enfans, n'eft pas un homme, c'eft une
brute, & fans doute les François ne font pas d'avis de placer
des chiens ou des pourceaux fur leurs Tribunaux.

A r t. XIII.

Qu'aucun Magiftrat ne puiffe faire ni directement, ni indirectement aucun commerce, & notamment celui des grains & farines, à peine de
privation de fon Office, & dans le dernier cas d'exclufion des concours pendant cinq ans.

A r t. XIV.

Que tout Magiftrat, convaincu d'accaparement,
foit privé de fon Office, & exclus de tout concours
pendant cinq ans; fi l'accaparement a eu pour
objet des grains & farines, qu'il foit condamné

aux travaux publics pour cinq ans , après avoir
été préalablement enfermé, pendant un mois, dans
une cage de fer , expofée fur une colonne , élevée·
dans une place publique , & que pendant ce mois
il foit réduit au pain d'orge & à l'eau.

Seroit-ce donc un fupplice trop cruel que de faire fentir les
horreurs de la mifere & même de la faim à un fcélérat, qui,
pour s'enrichir, a tenté de faire périr d'inanition des milliers
de Citoyens ? Quelle pitié peut-on avoir pour des monftres qui
pilleroient & broyeroient , dans un mortier , des millions
d'hommes , fi, par cette opération exécrable, ils pouvoient
efpérer d'en extraire quelques onces d'or ? Il n'y a point là
d'exagération. Tout le monde fait qu'il n'y a point d'horreurs
que la foif de l'or ne faſſe commettre.

Art. XV.

Qu'à peine d'infamie & de reftitution du quadruple , nul Magiftrat ne puiffe rien recevoir des
Parties à titre d'épices, vacations ou même de
préfent ; qu'il foit tenu fubfidiairement de la reftitution du quadruple de ce que fon Secrétaire , ou
quelqu'un de fes domeftiques auroit reçu de quelqu'une des Parties ; qu'il ne puiffe même recevoir
chez lui aucune des parties actuellement plaidan-
tes devant lui , même fous prétexte de médiation.

« Les Clercs ou Commis des Préfidens , Maîtres des requê-
» tes, Confcillers, de nos Avocats & Procureurs-Généraux,
» & de leurs fubftituts & des Greffiers , & Avocats, ne pour-
» ront prendre & recevoir plus grands droits que ceux qui paf-
» fent en taxe aux parties , encore qu'ils leur fuffent volontaire-
» ment offerts a peine d'exaction , *qui pourra être prouvée par la*
» *dépofition de fix témoins , quoique intéreffés & qu'ils dépofent*
» *de faits finguliers.* »

Ce qu'on vient de lire, n'eſt point un projet de loi ; c'eſt au contraire une loi actuellement exiſtante ; c'eſt l'article vingt-neuf de l'édit donné à Verſailles au mois de Mars, l'an de grace mil ſix cent ſoixante treize, lu, publié & regiſtré, oui & ce requerant le Procureur-Général du Roi, *pour être exécuté ſelon ſa forme & teneur.* A Paris en Parlement, *le Roi y ſéant en ſon lit de Juſtice*, le vingt-troiſième Mars mil ſix cent ſoixante treize. Si nous ſommes entrés dans un ſi grand détail, c'eſt de peur qu'on ne nous accuſe d'impoſture & qu'on ne prétende que dans le deſſein de calomnier les Magiſtrats, nous nous plaiſons à citer comme exiſtantes des loix qui n'ont jamais été faites ni publiées.

Il eſt bien vrai que l'édit du mois de Mars 1663, ou du moins l'article 29 de cet édit exiſte maintenant, comme s'il n'avoit jamais été fait ni publié, mais dans quelque oubli qu'il ait plu aux Magiſtrats de laiſſer tomber ou plutôt de plonger cet édit, qui n'étoit pas de leur goût, qu'ils avoient dit-on, refuſé d'en-regiſtrer & qui effectivement fut enregiſtré, *le Roi ſéant en ſon lit de Juſtice*, il n'en eſt pas moins vrai que cet édit exiſte & n'a point été révoqué. Par conséquent toutes les contraventions faites aux ſages diſpoſitions de cet édit, contraventions qui excitent depuis long-tems les juſtes reclamations du public, ſont autant d'abus repréhenſibles, qui prouvent combien peu l'on doit ſe repoſer ſur les Magiſtrats du ſoin de maintenir l'exé-cution des loix utiles au plus grand nombre des Citoyens, lorſ-que ces mêmes loix ne ſont pas favorables aux gens de Juſtice mêmes. Or comme toute loi relative à l'adminiſtration de la Juſtice doit néceſſairement, ſi elle eſt ſage, tendre à diminuer l'étendue des procédures & les frais, & tenir les Magiſtrats dans un activité perpétuelle, il eſt évident que loin d'être favo-rable aux gens de Juſtice, elle leur impoſera un joug très-rigou-reux, & par conséquent (la conſéquence n'eſt pas flatteuſe ; mais elle eſt juſte) c'eſt à d'autres qu'aux Magiſtrats des Tri-bunaux de Juſtice proprement dits qu'il faut confier le main-tien de la diſcipline judiciaire. Car enfin, mettant à part toute hauteur, toute morgue, pour ne s'en tenir qu'à la ſimple rai-ſon, n'eſt-il pas tout naturel, lorſque quelqu'un a mal gardé une choſe, d'en confier la garde à un autre ? On ſera peut être offenſé de ce langage ; car en commettant ou laiſſant commet-tre des abus qu'on doit réprimer, on eſt encore aſſez injuſte pour ne pas vouloir permettre le plus léger murmure. Mais, disons le hardiment, ce ne font pas ceux qui murmurent qui font coupables, ce font ceux qui font murmurer. Un Magiftrat quel qu'il foit, qui ne remplit pes fes devoirs n'eft qu'un pré- varicateur, & qui dit *prévaricateur* ne dit pas un homme qu'on doit refpecter, mais un homme qu'on doit punir, & qu'on punira quand les loix regneront.

A R T. X V I.

Que les Juges affiftent affidument aux audiences & aux rapports, & que ceux qui s'en abfenteront, fans caufe légitime, foient condamnés, pour cha- que jour, en une amende envers la caiffe générale des fecours ou aumônes.

A R T. X V I I.

Que des honoraires ou appointemens qui feront attribués aux Juges les deux tiers, ou au moins la moitié, foient partagés en diverfes portions qui leur feront diftribuées pour chaque affiftance aux audiences, tant de rapports que de plaidoieries ; que la rétribution des abfens, même pour caufe légitime, refte au tréfor public.

A R T. X V I I I.

Que les Juges opinent à haute voix ; que leurs rapports ou les notes dont ils fe ferviront pour les faire, foient entièrement écrits de leur main : qu'ils les faffent dans la falle d'audience, en préfence des Parties ou de leurs défenfeurs, & même du public, fauf à préparer les rapports & les jugemens dans la Chambre du Confeil.

G 3

Alors on ne pourra plus dire que les jugemens fur rapport, font l'ouvrage du rapporteur feul, ou de fon Secrétaire, ainfi qu'on l'a quelquefois prétendu.

ART. XIX.

Que les plaidoyers ou notes des Gens du Roi, ou du moins la minute de ces Plaidoyers, foient entièrement écrits de leur main.

Comment conftater l'exécution de cet article uniquement en autorifant les parties à demander exhibition du plaidoyer ou de la minute. Si cette exhibition fe fefoit de droit, elle perdoit tout ce qu'elle femble avoir d'injurieux ; car perfonne ordinairement ne s'offenfe d'être obligé de faire ce qui eft de droit.

ART. XX.

Que celui qui préfidera dicte lentement, & à haute voix, le Jugement & les motifs du jugement.

Il n'y a pas de plus fûr moyen de prévenir les fraudes dont fe plaignent quelques plaideurs, qui voudroient faire croire que les difpofitions des arrêts ont été changées quelquefois par ceux qui étoient chargés de les expédier.

ART. XXI.

Que les Magiftrats gardent inviolablement le fecret fur le nom de Rapporteur, afin que les Parties ne puiffent les connoître qu'au moment où elles les entendront faire leur rapport.

SECTION TROISIEME.

Devoirs particuliers & fonctions des Conseillers-Secrétaires.

ART. I.er.

Que les Conseillers-Secrétaires (ou Greffiers) écrivent *eux-mêmes* sur des Regiftres les diverfes conclufions des Parties, celles des Gens du Roi, les avis des Rapporteurs & autres Juges, les jugemens & motifs des jugemens, les délibérations & arrêtés de leur Compagnie.

ART. II.

Qu'ils faffent figner incontinent les conclufions des Parties par elles-mêmes ou leurs Défenfeurs, celles des Gens du Roi par ces Magiftrats, les avis par les Rapporteurs & les autres Juges qui les auront donnés, les jugemens, délibérations & arrêtés par celui qui aura préfidé.

ART. II.

Qu'ils aient un regiftre & une feuille, fur chacun defquels, à chaque féance, foit de plaidoierie, ou de rapport, s'infcriront *eux - mêmes* les Juges préfens : que le regiftre refte au Bailliage ou en la Cour, &

G 4

que la feuille arrêtée & signée par le Président &
Secrétaire, soit remise au Secrétariat de la grande
Municipalité du lieu, s'il s'agit d'un Bailliage, & à
celui de la Commission intermédiaire des Etats de
la Province, s'il s'agit d'une Cour.

A R T. I V.

Que les Conseillers-Secrétaires ne puissent refuser
de délivrer aux Parties copie du dispositif du jugement, signée de lui.

A R T. V.

Qu'il collationne & signe les expéditions entiè-
res des jugemens qu'il délivrera ou fera délivrer
par ses Commis.

A R T. V I.

Que pour ces expéditions il ne puisse rien exiger au-delà de ce qui sera porté au tarif général
arrêté dans l'Assemblée Nationale, à peine de
privation de son Office, & de restitution du quadruple de ce qu'il aura reçu.

A R T. V I I I.

Qu'il soit tenu de délivrer promptement aux
Parties les expéditions qu'elles demanderont, &
au moins dans trois jours, à compter de celui de
leur réquisition, à peine de trois livres d'amende
pour chaque jour de retard, pendant la première

huitaine, de 6 livres pendant la feconde, & 12 l.
pendant la troifième , & enfin de privation de fon
Office.

Cette réquifition fe feroit par un fimple acte dont on feroit
figner le duplicata par le Confeiller-Secrétaire. La partie pourroit faire elle-même cet acte.

A R T. I X.

Lorfque le Confeiller - Secrétaire fera abfent,
qu'il foit remplacé par le dernier reçu des Confeillers.

A R T. X.

Que le Confeiller-Secrétaire opine ainfi que les
autres Confeillers, du moins lorfque les avis feront partagés.

SECTION QUATRIEME.

Devoirs & fonctions des Avocats.

A R T. Ier.

Que les Avocats fe regardent comme les premiers Juges de leurs Parties ; & que ce ne foit que
pour foutenir la Juftice de leur Jugement, qu'ils fe
préfentent devant les Tribunaux.

A r t. II.

Qu'ils fe conduifent en toutes circonftances avec la délicateffe & la décence convenables à l'honorable miniftère qu'ils exercent, & que relativement aux mœurs & aux dettes, foit obfervé à leur égard ce qui eft prefcrit à l'égard des Magiftrats.

A r t III.

Qu'ils évitent dans leurs Plaidoyers & Mémoires tout ce qui eft étranger à la caufe.

A r t. IV.

Que tout Avocat dont les Mémoires ou écritures auront été fupprimés (légalement) foit interdit pendant fix mois, fauf à lui fe pourvoir par les voies de droit contre le jugement qui l'aura interdit.

A r t. V.

Que la fuppreffion d'aucun Mémoire, Plaidoyer ou pièces d'écriture ne puiffe être ordonnée qu'en pleine connoiffance de caufe, & par le Tribunal devant lequel la caufe ou inftance fera pendante.

A r t. VI.

Que tout Avocat qui aura fait un Mémoire ou

pièce d'écriture, dont on aura rayé ou fupprimé une partie, comme inutile, foit fufpendu de fes fonctions pendant un mois, *& qu'aucune Partie de la pièce d'écriture ou du memoire ne lui paffe en taxe.*

A R T. VII.

Qu'à peine de radiation du tableau, aucun Avocat ne puiffe faire imprimer aucune Confultation ou Mémoire, avant que les délais de l'affignation ne foient entièrement expirés, fauf à l'Avocat rayé à fe préfenter cinq ans après aux concours, en fatisfaifant d'ailleurs à ce qui eft prefcrit aux Candidats.

A R T. VIII.

Que nul Magiftrat ou Tribunal, quel qu'il foit, ne puiffe, à peine d'interdiction, & même de dénonciation à la Nation, empêcher l'impreffion d'aucuns Mémoires ou Confultations, lorfque les délais de l'affignation feront échus, à moins que l'affaire ne fe trouve terminée par une tranfaction, ou autrement.

On fent combien il eft intéreffant que les Juges foient perpétuellement furveillés par le public. Il eft vrai que les mémoires ont fait fouvent beaucoup de mal, mais en prenant des précautions pour empêcher qu'il n'y entre rien d'étranger à la caufe pour laquelle ils feront compofés, il n'y aura que les Juges iniques qui auront lieu de les redouter.

A R T. IX·

Qu'aux Avocats appartienne exclufivement le

droit de faire les Consultations que (selon notre plan) il faudra joindre aux Requêtes tendantes à être reçu appellant d'un jugement, *& les écritures & Mémoires dans les procès par écrit ;* que dans tous les autres cas, toute partie ait le droit d'écrire elle - même, ou de faire écrire par qui elle voudra ; mais que dans ce dernier cas, les Mémoires ne puissent être signés que par la Partie même.

A R T. X.

Que tout Avocat qui aura signé des Consultations & des Ecritures ou Mémoires, qui décéleront une ignorance grossière, soit privé de sa place, sauf à se présenter aux concours deux ans après.

Ces Avocats ne seront sans doute pas des ignorans, mais des gens, qui, pour gagner de l'argent, soutiennent indistinctement toutes les opinions, même les plus absurdes. De telles gens sont le fléau de la société, & surtout des plaideurs. La Justice doit les punir comme des fourbes qui ne cherchent qu'à la tromper, & qui verroient avec plaisir tous les hommes s'égorger, s'ils pouvoient espérer de recueillir leurs dépouilles. Les Avocats, quoi qu'en puissent dire quelques-uns d'entre eux, ne doivent se charger que des causes qui leur semblent bonnes ou au moins douteuses & les plus belles de leurs fonctions, ce sont celles d'arbitre & de pacificateur.

A R T. X I.

Que les Avocats ne puissent refuser aux Parties qui en demanderont, des récépissés des pièces qui leur auront été confiées, & qu'ils soient tenus de

mettre leur reçu *, au bas de leurs Confultations,
Écritures & Mémoires , & de donner quittance
des fommes qui leur auront été payées pour les
plaidoieries.

Il feroit à défirer qu'on put faire pour les Avocats comme pour
les autres Officiers de Juftice, un tarif général duquel ils ne
puffent jamais s'écarter ; mais la nature de leur travail eft trop
variable pour que leurs honoraires puiffent être fixés par des ré-
gles immuables & uniformes. Tel mémoire qui ne contiendra
que 20 pages d'impreffion aura exigé dix fois plus de recherches
& de méditation que tel autre qui contient 40 pages, fans néanmoins renfermer rien d'inutile & qui puiffe être retranché. Il
faut donc, jufqu'à un certain point, s'en rapporter à la confcience des Avocats, en prenant toutesfois des précautions pour empêcher qu'ils n'abufent de la liberté qu'on leur laiffera.

SECTION CINQUIEME.

Des devoirs & fonctions des Huiffiers.

A R T. Ier.

Que tout Huiffier fe conduife avec douceur &
honnèteté à l'égard des Parties contre qui il ex-
ploitera.

A R T. II.

Que tout Huiffier foit tenu de réfider dans le
lieu où fera établi le Tribunal , auquel il fera atta-

---

* Eft-il plus honteux de donner un reçu que de recevoir ?

ché, ou au moins dans le territoire de ce Tribunal.

A R T. I I I.

Que les Huissiers des Bailliages puissent exploiter dans toute la Province, & ceux des Cours du Roi dans tout le Royaume ; que néanmoins le coût des exploits ne passe en taxe que comme s'ils avoient été faits par un Huissier du Bailliage, dans le territoire duquel l'exploit sera posé, sauf à la Partie qui aura employé un Huissier d'un Tribunal plus éloigné à payer l'excédent.

A R T. IV.

Que les Huissiers d'un Tribunal quelconque aient seuls le droit de signifier & mettre à exécution les jugemens de ce Tribunal, dans la Ville où il sera établi, & dans la banlieue.

A R T. V.

Qu'à peine de 30 livres d'amende pour la première fois, 60 livres pour la seconde, applicable, moitié à la partie qui se plaindra, & moitié à la caisse générale des aumônes, & de privation de l'Office pour la troisième fois, tout Huissier soit tenu d'écrire correctement & très-lisiblement, tant les originaux des exploits que les copies qu'ils délivreront desdits exploits & autres actes. Que l'écriture soit censée n'être pas assez lisible, lorsque les Juges ne pourront la lire qu'avec peine.

Ce qu'on vient de propofer, ce ne font que les devoirs généraux des Huiffiers, les autres feront particuliérement détaillés au chapitre des ajournemens.

ART. VI.

Que lorfqu'un exploit fera nul par la faute d'un Huiffier, il foit condamné envers la Partie aux dommages intérêts réfultant de cette nullité.

APPENDICE.

Maniere de faire la réforme.

Les plans qu'on a propofés ci-deffus paroîtront peut-être pouvoir s'exécuter facilement, après que la réforme aura été entièrement confommée. Mais comment s'opérera cette réforme? Comment former tout-à-coup vingt-une Cours Souveraines & plus de deux cens Bailliages ? Qui eft-ce qui examinera les mœurs & la capacité de plus de cinq mille perfonnes qui doivent les compofer? N'eft-il pas à craindre que tant de Tribunaux formés à la hâte, ne fe trouvent remplis d'Officiers qui faffent regretter l'ancien état des chofes ? D'ailleurs, dans ce changement ou ce bouleverfement univerfel, que deviendront les caufes & les procès actuellement pendans dans les Tribunaux? En voulant fervir utilement les plaideurs futurs, ne portera-ton pas un préjudice peut-être irréparable à tous ceux qui maintenant follicitent fi humblement les décifions d'une trop lente juftice ?

On va préfenter des projets, dont l'objet eft de prévenir tous ces inconvéniens. L'Auteur a-t-il atteint le but qu'il s'étoit propofé ? Il n'ofe s'en flatter, mais il efpère que tout Lecteur impartial conviendra qu'au moins il a fait tous fes effors pour y parvenir, & qu'en prenant la plume il n'a eu d'autre vue que de fervir fa patrie.

Cet Appendice fera partagé en deux chapitres. Dans le premier, on indiquera les moyens de former les nouveaux Tribunaux. Dans le fecond, on préfentera un plan de procédure provifoire, pour expédier les caufes & procès actuellement exiftans.

CHAPITRE PREMIER.

Formation des nouveaux Tribunaux.

ART. Ier.

Que dans la huitaine du jour, où dans chaque nouvelle Province aura été lue & publiée l'Ordonnance de réforme, les perfonnes qui défireront obtenir des Offices de Confeillers dans les nouvelles Cours Souveraines, le déclarent à M. le Chancelier ou Garde des Sceaux, par une fimple lettre (ou mémoire) qu'ils auront fait enregiftrer à la pofte, & à laquelle ils joindront des pièces qui juftifient qu'ils fe font fait enrôlés volontaire-

ment

ment * dans la Garde Nationale, que depuis l'âge
de vingt - cinq ans ils ont exercé les fonctions de
Juges pendant dix ans, dans une Cour Souveraine,
ou pendant vingt ans dans un Bailliage ou Séné-
chauffée, ou la profession d'Avocat pendant vingt-
cinq ans dans une Cour Souveraine.

Où se fera cette publication ? D'abord dans l'Assemblée Nationale, ensuite dans toutes les Assemblées Municipales, au
prône des messes paroissiales & dans les principales places de
toutes les villes & bourgs du Royaume.

A r t. II.

Que cette déclaration contienne les noms, surnoms & qualités de celui qui l'aura faite ; qu'elle
indique les lieux où il aura demeuré pendant les
cinq dernieres années, les divers Tribunaux auxquels il aura été successivement attaché, & ceux
dans lesquels il desire être placé.

Qu'on puisse déclarer qu'on desire être placé dans telle Cour
subsidiairement, dans telle autre ou dans tel ou tel Bailliage.

A r t. I I I.

Aussi-tôt que toutes les déclarations auront été

---

* C'est le vœu de plusieurs Districts de Paris, & ce sera probablement celui de toute la France ; ainsi & lors du premier
concours, & lors de ceux qui s'ouvriront dans la suite, il
sera bon d'exiger ce certificat d'enrôlement. Celui qui craint
d'exposer sa vie pour la Patrie pourra bien être tenté d'en sacri-
fier les intérêts pour peu qu'ils se trouvent opposés aux siens.

H

reçues , ou que le délai dans lequel elles auroient
dû l'être , fera expiré , qu'il foit fait des liftes de
tous ceux qui auront requis des Offices ; que ces
liftes contiennent leurs noms , furnoms , qualités
& leurs demeures pendant les cinq dernières années , le nom des Tribunaux auxquels ils auront
été fucceffivement attachés , & ceux des Tribunaux
dans lefquels ils défirent être placés ; que ces liftes
foient inférées dans les papiers publics ; qu'elles
foient imprimées & affichées , au moins dans les
places de la principale Ville de chaque nouvelle
Province.

A r t. V I.

Un mois (ou fix femaines) après la publication
de ces liftes , qu'on place , fi faire fe peut , chacun
des afpirans fur la lifte des Officiers du Tribunal
qu'il a indiqué , mais qu'on ne puiffe donner à qui
que ce foit un autre Office que celui qu'il aura
demandé.

A r t. V.

S'il fe préfente plufieurs perfonnes pour un
même Office de Confeiller , que l'on préfère ,
1º. les Magiftrats , qui depuis vingt ans (à compter
de leur majorité , exerçoient leurs fonctions dans
le Tribunal fupérieur ordinaire des lieux où feront
établies les nouvelles Cours , 2º. ceux qui depuis
vingt ans exerçoient leurs fonctions dans un des
Tribunaux Supérieurs d'exception , qui compre-
noient dans leur reffort la Ville où fera établie la
nouvelle Cour ; 3º. ceux qui exerçoient leurs fonctions depuis dix ans dans le Tribunal Supérieur

ordinaire des lieux; 4o. ceux qui depuis le même temps exerçoient leurs fonctions dans un des Tribunaux supérieurs d'exception desdits lieux ; 5°. ceux qui depuis dix ans exerçoient leurs fonctions dans un Tribunal supérieur ordinaire quelconque ; 7°. ceux qui depuis vingt ans exerçoient leurs fonctions dans un Bailliage ; & toutes choses égales, que l'on préfère les plus âgés, ceux qui font domiciliés dans les Provinces, & fur-tout ceux qui font mariés.

A r t. V I.

Auffi-tôt que cette diftribution aura été faite, & qu'elle aura été rendue publique, que ceux qui défireront obtenir des places de Confeillers dans les Bailliages, le déclarent en la manière indiquée ci-deffus, à M. le Chancelier ou Garde de Sceaux, & qu'à leur déclaration ils joignent des pièces qui juftifient qu'ils ont exercé les fonctions de Juges pendant cinq ans, dans une Cour Souveraine, ou pendant dix ans dans un Baillage, ou qu'ils ont exercé la profeffion d'Avocat ou Procureur pendant quinze ans dans une Cour, ou pendant vingt ans dans un Bailliage.

A r t. V I I.

La diftribution des Offices étant faite, que les Cours qui fe trouveront complettes choififfent, par la voie du fcrutin, les Préfidens (autres que le Premier Préfident) parmi leurs Membres; que les Bailliages complets choififfent également leurs Préfidens ou Lieutenans Généraux.

A r t. V I I I.

S'il refte des Offices de Confeillers (foit des Cours ou des Bailliages) vacans, qu'ils foient pro-pofés au concours en la manière indiquée par le plan général.

A r t. I X.

Quand le nombre des Confeillers des Cours & des Bailliages fera complet, qu'il foit procédé au choix des Avocats Généraux & Avocats du Roi, par la voix du concours, en la manière in-diquée par le plan général.

A r t. X.

Que dans la diftribution des Offices on traite les Greffiers (vulgairement appellés Commis Gref-fiers) comme des Confeillers & les Subftituts du Procureur-Général dans les Cours, comme s'ils euffent été Avocats du Roi dans les Bailliages.

A r t. X I.

Que tous les Avocats & Procureurs exerçant leur profeffion depuis dix ans dans une Cour, ou depuis vingt dans un Bailliage, puiffent fe faire infcrire fut le tableau des Avocats d'une Cour Sou-veraine, & dans le cas où l'on exigeroit un prêt, que les Avocats exerçans depuis dix ans en foient exempts.

A R T. X I I.

Que tous les Avocats & Procureurs exerçant leur profession depuis cinq ans dans une Cour, ou depuis dix ans dans un Bailliage, puissent se faire inscrire sur le tableau des Avocats d'un Bailliage.

A R T. X I I I.

Que dans toute Cour où il se trouvera moins de vingt cinq Avocats, il soit proposé au concours autant de places qu'il en faudra pour completer ce nombre ; de maniere cependant qu'il n'y ait pas moins de dix places qui soient proposées au concours ; ensuite que chaque année, de deux places vacantes, une seule soit mise au concours, & l'autre supprimée, jusqu'à ce que le nombre des Avocats exerçans leurs fonctions depuis moins de vingt-cinq ans, se trouve réduit à 25 (ou 20.)

A R T. X I V.

Que dans tout Bailliage où il se trouvera moins de six Avocats, ce nombre soit completé par la voie du Concours, de manière cependant qu'il n'y soit pas proposé moins de deux places;& dans le cas où il y auroit plus de six Avocats, qu'au moins une place soit proposée au Concours ; que dans la suite de deux places vacantes, une seule soit supprimée & l'autre donnée au Concours jusqu'a ce que le nombre des Avocats exerçans, depuis moins de vingt-cinq ans, se trouve réduit à six.

H 3

Art. XV.

Qu'il foit fait une lifte de tous les Huiffiers Royaux exerçans depuis dix ans qui defireront avoir des places ou Offices ; qu'on les diftribue également dans chaque nouvelle Province & enfuite dans chaque Bailliage, en les plaçant de préférence auprès des Cours. 1°. Ceux qui étoient ci-devant attachés à des Cours ; 2°. ceux qui exerçoient depuis vingt ans ; & que dans l'un & l'autre cas on ait égard au domicile actuel de ces Officiers, de manière que la grace qu'on leur accorde ne foit point illufoire ; s'il refte des places vacantes qu'elles foient données au Concours, & s'il n'en refte pas, qu'il en foit propofé de cette manière deux dans chaque Cour & une dans chaque Bailliage, fauf à réduire enfuite, ainfi qu'il eft indiqué ci-deffus.

Art. XVI.

Dans le cas où pour obtenir des Offices de Confeillers d'une Cour Souveraine il fe préfenteroit moins de fept perfonnes, de la qualité prefcrite par l'article premier de ce chapitre, que celles qui fe feront préfentées & à qui des Offices auront été accordés fe réuniffent aux Officiers de la Cour de Juftice la plus voifine & la moins complette pour procéder conjointement avec eux à l'examen des Candidats qui fe préfenteront au concours pour les Offices de l'une ou de l'autre Cour.

Alors les deux concours s'ouvriroient auprès de la même Cour, & quelque mauvaife volonté que puffent avoir les anciens Magiſtrats, il eſt bien difficile de croire que parmi eux il ne ſe trouveroit pas au moins cinquante ou ſoixante bons Citoyens qui pourroient-être les Juges de quatre ou cinq concours établis en divers endroits du Royaume. Auſſitôt qu'une Cour ſeroit formée, les Magiſtrats qui doivent la compoſer ſe rendroient dans leur Province & y ouvriroint les concours pour les autres offices.

A r t. XVII.

Quinzaine après leur élection , que les Candidats élus ſe rendent dans la Ville où ſera établi le nouveau Tribunal qu'ils doivent compoſer , & que huitaine après ſe faſſe l'ouverture des Audiences de ce Tribunal , à l'exception néanmoins des Cours dont les Audiences ne s'ouvriront qu'après que tous les Bailliages de leur reſſort auront été formés.

Les Magiſtrats des Cours étant Juges des concours ne pourroient gueres tenir audience avant que ces concours ne fuſſent terminés.

C H A P I T R E S E C O N D.

Plan proviſoire d'Adminiſtration de la Juſtice , juſqu'à ee que les nouveaux Tribunaux ſoient entiérement formés.

A R T I C L E P R E M I E R.

Que les Tribunaux actuellement exiſtans ſoient conſervés juſqu'à ce que les nouveaux ſoient formés.

H 4

Art. II.

Qu'il ne foit plus permis d'affigner devant les Tribunaux actuels que pour les matières provifoires ou fommaires.

Art. III.

Que l'inftruction & le jugement de toute caufe non provifoire ou non fommaire dans laquelle il n'aura point été fourni de défenfes lors de la publication de l'Ordonnance de réforme, foient fufpendus, & que rien de ce qui aura été fait contre la difpofition du préfent article ne paffe en taxe.

Art. IV.

Que dans les Bailliages l'inftruction des procès par écrit foit fufpendue, mais que ceux dont l'inftruction fe trouvera finie, foient jugés.

Art. V.

Que dans les Cours l'inftruction & le jugement de toute inftance ou procès par écrit dans lequél aucune des parties n'aura produit, lors de ladite publication, foient fufpendus.

Art. VI.

Qu'il foit fait quatre rôles; le premier des caufes

provifoires ou fommaires, le fecond des appointemens fommaires, le troifième des caufes ordinaires (*). & le 4e, des inftances ou procès par
écrit.

A r t. V I I.

Que dans trois jours après la publication de la
nouvelle ordonnance , les caufes , inftances &
procès foient infcrits fur les rôles qui leur con-
viendront pour être jugés à leur tour ; et que
ledit délai paffé , il ne puiffe plus être mis fur
les rôles que des caufes fommaires ou provifoires
& des appointemens fommaires. Que les parties
elles-mêmes , fi elles le veulent , puiffent faire
faire cet enregiftrement.

A r t. V I I I.

Que dans l'infcription ou enregiftrement des
caufes fommaires ou provifoires on fuive l'ordre
des échéances des exploits ; pour les caufes ordinaires, la date de la fignification des défenfes ;
pour les appointemens fommaires , la date de la
fignification de l'appointement, & enfin à l'égard
des inftances , ou procès par écrit, qu'on infcrive
fur le rôle 1°. Ceux dans lefquels il aura été
fourni de contredits, felon la date de la fignification defdits contredits ; 2°. Ceux où toutes les
parties auront produit , 3°. Ceux où une feule
partie aura produit.

------

* Dans les Cours ont pourroit faire deux rôles pour les caufes
ordinaires, favoir le grand rôle pour les caufes majeures & le petit
rôle pour les caufes de moindre importance.

Art. IX.

Lorsque le tour d'une cause quelconque viendra, s'il ne se présente personne, qu'elle soit rayée du rôle & ne puisse plus y être mise à moins qu'elle n'ait pour objet qu'un provisoire.

Art. X.

S'il ne se présente qu'une seule partie, qu'il soit donné défaut ou congé, selon le cas, si les demandes de la partie présente paroissent bien fondées.

Art. XI.

Lorsque le tour d'un appointement sommaire ou d'une instance ou procès par écrit viendra, qu'il soit jugé sur ce qui se trouvera entre les mains du rapporteur, & que celui-ci ne puisse refuser de faire son rapport sous quelque prétexte que ce soit, sous peine de six livres d'amende pour chaque jour, envers chacune des parties ; & en cas qu'elles ne la requièrent point, que cette amende soit appliquée aux pauvres.

A l'égard des instances sujetes à communication aux gens du Roi, elles pourroient être inscrites sur un rôle particulier ; & au surplus on suivroit ce qui est indiqué ci-dessus.

Art. XII.

Que dans les Bailliages toutes les causes &

inſtances puiſſent être jugées par un ſeul Juge ; (*) que dans les Cours les cauſes & appointemens ſommaires & proviſoires puiſſent être jugées par trois Juges , & les autres cauſes & inſtances par dix Juges.

ART. XIII.

Que les Juges qui ne ſeront point Juges de Concours , ou qui ne ſe feront point fait inſcrire ſur une des liſtes des Candidats ou concurrens , ne puiſſent s'abſenter du Tribunal auquel il ſont attachés , avant que les nouveaux Tribunaux ne ſoient formés , à peine de 6 liv. d'amende pour chaque jour dans les Bailliages & de 12 liv. dans les Cours pendant la première huitaine , du double pendant la ſeconde , du quadruple pendant la troiſième & ainſi de ſuite. A l'égard des Juges de Concours qu'ils ne s'abſentent du Tribunal que lorſqu'il ſera néceſſaire de partir pour ſe rendre au lieu où ſera établi le Concours. Quant aux Magiſtrats qui ſeroient du nombre des Candidats , qu'il leur ſoit permis de s'abſenter auſſitôt qu'aura été publiée la liſte générale des Candidats.

ART. XIV.

Qu'aucune démiſſion ne ſoit acceptée , juſqu'à ce que les nouveaux Tribunaux ſoient ouverts.

ART. XV.

Dans le cas où un Tribunal entier ceſſeroit ſes

---

* Cela ſe pratique actuellement puiſqu'il eſt des Bailliages où il n'y a qu'un Juge.

fonctions, que tous les membres qui le compoferont foient tenus de fortir de France dans l'efpace de trois mois avec tous ceux de leurs effets qu'il leur plaira emporter, à peine d'être pourfuivis & traités comme ennemis publics.

Tout homme à qui un Gouvernement déplaît, doit avoir la faculté de fortir du pays foumis à ce Gouvernement, & il eft de l'équité de lui laiffer emporter fes biens.

A R T. XVI.

Dans le cas où un Bailliage fe trouveroit entièrement vacant, que deux Gradués choifis par tous les gradués domiciliés dans le reffort de ce Bailliage, y exercent, l'un les fonctions de Juge, & l'autre celles de Procureur ou Avocat du Roi, jufqu'à l'ouverture des nouveaux Bailliages.

Actuellement quand un Juge eft abfent, il eft remplacé par le plus ancien gradué, & à défaut de gradués par le plus ancien praticien. Mais ce plus ancien gradué ou praticien ne peut-il pas être d'un âge trop avancé, & par conféquent peu propre a faire rendre aux parties *une prompte & briève juftice ?*
Voici comment fe feroit l'élection que nous propofons. Le Préfident de la Municipalité, Maire de Ville, ou autre perfonne fe trouvant en quelque forte le Chef de la Ville où feroit établi le Bailliage actuel, indiqueroit un jour où tous les Gradués âgés de 25 ans accomplis & domiciliés dans le reffort de Bailliage, pourroient s'affembler dans l'Auditoire de ce Bailliage. Ce Maire de Ville ou autre affifté d'un Secrétaire par lui choifi, préfideroit jufqu'à ce que l'Affemblée fut formée : quand elle le feroit, elle fe choifiroit, fi elle le vouloit, un Préfident & un Secrétaire, & enfuite elle éliroit trois gradués âgés de vingt cinq ans, autres que ceux qui fe propoferoient de fe préfenter aux concours ou d'être du nombre des Juges defd. concours. Ces trois élus choifiroient l'un d'entre eux pour exercer l'office dont il s'agiroit, & en cas que les fuffrages fuffent partagés,

le fort décideroit entre eux. Les deux autres feroient fuppléans ;
c'eft-à-dire, deftinés à le remplacer, lorfqu'il ne pourroit faire
fes fonctions, dans ce cas le plus âgé feroit préféré.

On choifiroit de la même maniere le Procureur ou Avocat
du Roi.

Art. XVII.

Dans le cas où il refteroit moins de dix Juges
dans une des Cours Souveraines actuellement exif-
tantes que ce nombre foit completé par des Gradués
âgés de trente ans, choifis parmi tous les Gradués
domiciliés dans le reffort de cette Cour.

Le choix fe feroit en la maniere indiquée en la note précédente. L'Affemblée, jufqu'à ce qu'elle fut formée, feroit préfidée
par un des Magiftrats de la Cour dont il s'agiroit, affifte d'un
Greffier ou Secrétaire par lui choifi, & à défaut de Magiftrats
de cette Cour, par un des Membres de la Commiffion Intermédiaire des Etats de la Province s'ils étoient déja formés,
finon par le Maire de la Ville ou autre Officier de ce genre.

En cas qu'il n'y eut pas d'Avocats - Généraux, ils feroient
choifis même de la maniere.

Art. XVIII.

Que jufqu'à l'ouverture des nouveaux Tribunaux, il y ait dans les Baillages actuels audience
pour les plaidoieries quatre fois par femaine, & deux
fois pour les rapports des délibérés & des inftances ;
lefquels fe feront dans l'Auditoire, portes ouvertes.

ART. XIX.

Que dans les Cours il y ait chaque jour une Audience pour les caufes du grand rôle, une pour
celles du petit rôle, & deux pour les rapports des
délibérés & des inftances ; qu'en outre il y ait dans
trois chambres particulières des Audiences pour les
caufes fommaires & provifoires & pour le rapport
des appointemens fommaires.

Depuis fix heures du matin jufqu'à huit, on pourroit s'occuper du rapport des inftanecs ou procès par écrit ; depuis huit
jufqu'à neuf on plaideroit & jugeroit les caufes du petit rôle.
Entre 9 & 10 heures on feroit le rapport de quelque délibéré.
Depuis dix jufqu'à onze on plaideroit les caufes du grand rôle
depuis onze heures & demie jufqu'à une heure, neuf Confeillers
iroient dans trois chambres différentes tenir trois audiences pour
les caufes provifoires, & fommaire & pour le rapport des appointemens fommaires. Tout ce qu'on vient de dire pourroit
s'obferver au Chatelet de Paris, & dans les Bailliages & Séné-
chauflées furchargés d'affaires.

ART. XX.

Que les Juges opinent à haute voix, & qu'en
prononçant le jugement, celui qui préfidera, en énonce les motifs ; que ces motifs, ainfi que le difpofitif
du jugement, foient écrits fur le champ par le Greffier, fous la dictée du Juge auquel ledit Greffier le
fera figner auffi-tôt.

ABT. XXI.

Lofque les nouveaux Tribunaux feront formés &

ouverts, qu'on y renvoie 1°. Les caufes ordinaires dans lefquelles il n'aura point été fourni de défenfes, 2°. Les inftances ou procès par écrit nés depuis la publication de la réforme, ou dont l'inftruction avoit été fufpendue : à l'égard des autres caufes & inftances, que la connoiffance en appartienne aux Bailliages & Cours établis dans les Villes où exiftoient les Tribunaux devant lefquels ces caufes & inftances étoient pendantes, à moins que toutes les parties n'en demandent le renvoi dans le nouveau Tribunal qui naturellement devroit en connoître.

A r t. X X I I.

Qu'au jugement de ces caufes & inftances, inftruites felon l'ancienne méthode, foient deftinées dans les nouveaux Baillages deux audiences chaque femaine, & deux chaque jour dans les Cours jufqu'à que toutes ces caufes & inftances foient terminées par un jugement définitif.

A r t. X X I I.

Que pour payement des dépens & frais acceffoires dûs pour les caufes & inftances dont il eft parlé dans les articles précédens , & pour les autres anciennes caufes & inftances , les parties puiffent, pendant l'efpace de deux ans être pourfuivies devant le Bailliage ou la Cour établis dans la Ville où exiftoit l'ancien Tribunal , dans lequel ces caufes & inftances ont été inftruites.

AUTRE PLAN,

Probablement inutile.

DANS le cas où le plan de réforme qu'on propose feroit adopté, ne pourroit-il pas furvenir des obftacles propres à en arrêter l'exécution ? Ne pourroit-il pas fe faire que tous les Tribunaux fubfiftans actuellement dans le Royaume, ceffaffent tous enfemble leurs fonctions, qu'aucun ou prefque aucun ancien Magiftrat ne voulut prendre place dans les nouveaux Tribunaux, qu'aucun ancien Avocat ou Procureur ne voulut être Juge des Concours ; qu'aucun Magiftrat moderne, aucun Avocat ou Procureur exerçant fa profeffion depuis cinq ou fix ans ne voulut fe préfenter au Concours, enfin qu'aucun Officier de juftice quelconque, aucun Avocat ne voulut coopérer en aucune manière à l'exécution de la réforme propofée & qu'on fuppofe cependant admife & admife par la Majorité des fuffrages de l'Affemblée Nationale ? Cette hypothefe eft fans doute abfurde, mais qu'importe ? Regardons-la comme poffible, & voyons comment on pourroit parvenir à faire exécuter ce que le plus grand nombre des Citoyens auroit voulu & ordonné.

ART. PREM.

Art. Premier.

S'il ne fe préfente aucun ancien Magiftrat pour les Offices d'une nouvelle Cour , que tous les Magiftrats, Avocats , & Procureurs, agés de trente ans, qui défireront fe fixer dans le reffort de cetteCour s'affemblent dans la Ville où elle doit être établie & choififfent douze d'entr'eux pour être Confeillers dans ladite Cour , en conféquence Juges Magiftrats du Concours, & que tous ceux d'entr'eux qui fe propoferont d'exercer fimplement la profeffion d'Avocat , puiffent être Juges du Concours comme Avocats.

On fe rappelle que nous avons propofé de choifir les douze Juges du concours, moitié parmi les Magiftrats & moitié parmi les Avocats ou Procureurs.

Art. II.

Si l'Affemblée eft compofé de moins de trentefix Perfonnes , qu'elle n'en puiffe choifir qu'une à raifon de trois ; & dans le cas où le nombre des élus feroit moins de fept, qu'ils fe réuniffent à ceux d'une des Provinces voifines dans lequel il aura été élu moins de douze perfonnes ; que ce foit la moindre partie qui aille fe joindre à la plus grande.

Art. III.

Dans le cas des deux articles précédens , qu'on admette au Concours tout Citoyens âgé de trente ans , & de mœurs irréprochables ; fi tous les concur-

I

rens fe trouvent trop foibles, qu'ils foient rejettés.

Mieux vaut attendre longtems de bons Juges, que d'en avoir fur le champ de mauvais.

Art. IV.

Dans le cas où l'on ne pourroit parvenir dans l'ef-pace d'un an ou fix mois à compofer les Tribunaux d'une Province d'Officiers d'une capacité fuffi-fante, que les Municipalités & Commiffions intermé-diaires des Affemblées Provinciales connoiffentpro-vifoirement de toutes lescontestations qni s'élèveront entre lesCitoyens, & que leur jugement foit définitif, fi les parties y confentent; que la même difpo-fition ait lieu dans le cas où un Tribunal auroit ceffé fes fonctions fans qu'on pût trouver de gradués ou praticiens dignes de les exercer.

Voilà ce qui fera former promptement des Tribunaux. On ne fera pas tenté de refufer, lorfqu'on aura lieu de craindre que les refus ne foient acceptés.

Art. V.

Dans le cas où quelque Tribunal ou quelque particulier feroit convaincu d'avoir par menaces ou autrement, empêché quelque Citoyen honnête d'accepter ou s'efforcer d'obtenir un office ou place dans un nouveau Tribunal , que le coupable foit condamné à fortir de France fous huitaine; s'il pré-tendoit n'être pas en état de prendre la pofte, foit à caufe de fa mauvaife fanté, ou de fon indigence, dans le premier cas qu'il foit gardé à vue même

conftitué prifonnier jufqu'à ce que fa fanté foit ré-
tablie ; dans le fecond qu'il foit confié au brigadier
de la Maréchauffée, qui le conduiront dans une
voiture jufqu'aux Frontieres, & que fur la route il
foit nourri & traité d'une manière qui lui faffe
regretter le Gouvernement fous lequel il s'eft
montré indigne de vivre.

Si néanmoins c'étoit quelqu'un de ces miférables que depuis
un an l'on foudoye pour exciter du tumulte, on fent que cette
difpofition ne devroit point avoir lieu. Alors il conviendroit de
l'envoyer lui & fon inftigateur, quel qu'il fût, uni par d'autres
liens que ceux de l'amitié, fervir la Patrie fur terre ou fur mer.

Qu'on fonge toujours que nous parlons de l'exécution, non pas de notre plan, mais d'un plan
devenu celui de la Patrie, exécution à laquelle
par conféquent tout Citoyen devroit s'empreffer
de concourir, ce plan eut-il été préfenté à la
Patrie, par le dernier & le plus méprifable des
hommes.

I 2

É T A T de ce que pourroient coûter à la Nation les appointemens des divers Officiers attachés aux Tribunaux de Justice proprement dits.

ARTICLE PREMIER.

Pour les Cours Souveraines.

Qu'il soit attribué à chaque premier Président de Cour du Roi dix mille livres d'appointemens, ce qui fera pour vingt-un premiers Présidens   210,000

'A chaque Président ordinaire desdites Cours cinq mille livres, ce qui fera pour quarante-deux Présidens   210,000

420,000

A chaque Conseiller trois mille livres
Pour cinq cens quatre Conseillers   1,512,000

A chaque Conseillers-Secrétaires trois mille l. d'appointemens & autant pour les gages de leurs commis & frais du Greffe ou Secrétariat, ce qui fait pour quarante-deux Conseillers-Secrétaires   252,000

A chaque Procureur ou premier Avocat-Général six mille livres.

Pour vingt-un Procureurs ou premiers Avocats Généraux.   126,000

A chaque Avocat-Général quatre mille livres, ce qui fait pour quatre-vingt-quatre Avocats-Généraux.   336,000

A chaque Buvetier ou Concierge trois mille l.; tant pour lui que pour ſes garçons ; ce qui fait pour vingt-un Buvetiers ou Concierges.

63,000

D'après les appointemens aſſez conſidérables , dont on vient de donner une indication , il paroît juſte de charger les divers Officiers dont on vient de faire l'énumération des diverſes dépenſes né-ceſſaires , par exemple de la fourniture du bois , de la bougie & autres objets & même des menues réparations de l'auditoire.

2,709,000

A R T. I I.

Pour les Bailliages.

A chaque Préſident ou Lieutenant-Général de Bailliage trois mille livres; ce qui fait pour deux cent dix Préſidens

630,000

A chaque Conſeiller quinze cens livres , ce qui fait pour huit cens quarante Conſeillers

1,260,000

De plus à chaque Conſeiller-Secrétaire pour les frais du Greffe quinze cens livres , ce qui fait pour deux cens dix Conſeillers-Secrétaires.

315,020

A chaque Procureur ou premier Avocat du Roi deux mille cinq cens livres , ce qui fait pour deux cens dix Procureurs ou premiers Avocats du Roi

525,000

A chaque Avocat du Roi deux mille livres , ce qui fait pour qnatre cens vingt

840,000

Au Concierge ou Buvetier quinze cens livres , ainſi pour deux cens dix Concierges ou Buvetiers.

315,000

Total.

3,885,000.

A R T. I I I.

Les actes que feront les Huiſſiers leur feront payés ; néanmoins afin que le coût de ces actes puiſſe être fixé à un prix peu onéreux aux Pauvres Citoyens qui ne peuvent pas toujours éviter les procès, & comme d'ailleurs les Huiſſiers feront aſtreints à un ſervice perſonnel dans la Salle d'Audience & au parquet des Gens du Roi, il me ſemble juſte de leur attribuer des appointemens ; en conſéquence, je propoſe d'attribuer aux Huiſſiers des Cours, ſix cens livres d'appointemens & quatre cens livres à ceux des Bailliages, ce qui fera pour deux cent dix Huiſſiers de Cours la ſomme de ... 126,000

Et pour douze cens ſoixante Huiſſiers de Bailliages celle de ... 504,000
____
630,000

On ſuppoſe qu'il n'y aura point de premier Huiſſier, & que tous les Huiſſiers en feront alternativement les fonctions.

A R T. I V.

Il ne ſemble pas qu'on doive attribuer aucuns appointemens aux Avocats. Cependant afin qu'ils puiſſent vaquer plus librement à la défenſe des intérêts des pauvres, & en même tems pour faciliter aux bons & laborieux Citoyens que la fortune n'a point favoriſés le moyen d'entrer au barreau, & de parvenir enſuite à rendre à la Patrie dans un rang plus élevé des ſervices diſtingués, je ferois d'avis qu'une modique penſion leur fut accordée ; ce feroit en quelque ſorte une bourſe qu'ils obtiendroient dans le ſéminaire de la Juſtice ; car on ſe rappelle que, felon notre plan, les Avocats doivent former une pépinière de Magiftrats, & il n'importe pas moins à la Nation d'avoir de bons Juges que de bons Prêtres.

Ceux qui jouiroient d'une fortune aifée pourroient ne point accepter cette penfion qui feroit pour ceux qui la recevroient, & un fecours utile & une récompenfe honorable. On pourroit n'accorder eette penfion qu'aux Avocats des Bailliages qu'on doit feuls regarder comme les novices de l'Ordre Juridique.

Selon notre projet il ne doit y avoir que fix places d'Avocats dans chaque Bailliage & par conféquent, 1260 dans les 210 Bailliages. En fixant à 600 livres, la penfion qu'on leur attribueroit, il en coûteroit à la Nation 126000.

De ces fix Avocats trois feroient tenus alternativement de donner une fois par femaine des confultations gratuites aux pauvres.

Chacun d'eux en outre donneroit à fon tour des leçons publiques de droit François; ce qui lui fourniroit néceffairement l'occafion d'être utile à fes Concitoyens, & de fe faire connoître.

Ces penfions d'ailleurs pourroient n'être accordées que pour cinq ans, & après l'expiration de ce tems elles cefferoient de plein droit, fauf, lorfqu'un nouveau fujet auroit été reçu, à revivre en fa faveur pendant cinq ans, ou jufqu'à ce qu'il eut été pourvu d'un autre office ou place.

ART. V.

Récapitulation des dépenses.

ARTICLE PREMIER	2,709,000
ART. I I.	3,885,000
ART. I I I.	630,000
ART. I V.	126 000
	7,350,000

Il eſt vrai que ſelon notre plan les Magiſtrats qui auront exercé leurs fonctions pendant un certain tems, pourront ſe retirer avec partie de leurs appointemens, mais ce ne ſera jamais un objet très-conſidérable, & ce ſeroit certainement l'évaluer trop que de le porter annuellement à un million.

Ainſi la dépenſe que nous propoſons pourroit être en tout de 8 à 9 millions par an. Si cette dépenſe paroît exceſſive, qu'on veuille bien ſonger à ce qui en tient lieu actuellement.

La ſeconde partie eſt ſous preſſe.

SUITE

DU NOUVEAU·PLAN

D'ADMINISTRATION

DE

LA JUSTICE CIVILE,

DANS LEQUEL

On propose des moyens d'assurer au mérite seul tous les Offices ou Places de Judicature, d'accelérer le Jugement des Procès, & d'en diminuer les frais.

A PARIS,

Chez **CAILLEAU**, Imprimeur-Libraire, rue Galande, N°. 64.

1789.

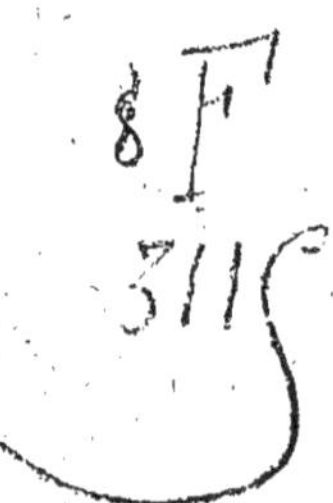

SECONDE PARTIE.

De la procédure.

CETTE partie eſt ſans doute bien intéreſſante. Il s'y agit de réformer des abus que plus d'une fois on a tenté de réprimer. Mais ſemblables à un chêne, dont le tronc a ſuccombé ſous la cognée du Bucheron, ils ſe ſont reproduits avec plus de vigueur & d'étendue, & ont formé, pour ainſi dire, une forêt impénétrable qui obſtrue les avenues du Temple de la Juſtice & répand au loin une ombre pernicieuſe qui étouffe les moiſſons.

Que ſerviroit de couper ces énormes rejettons, rivaux de leur père ? Bientôt de leur ſouche féconde s'éleveroit une nouvelle forêt plus nuiſible encore que la première. Ce n'eſt donc point aſſez d'abattre ces vaſtes coloſſes, il faut en extirper juſqu'aux moindres racines. Il faut que découvert à tous les regards le Temple dont nous parlons ſerve lui même, pour ainſi dire, de fanal à ceux qui veulent y parvenir.

Pour renverſer les arbres touffus qui maſquent ce Temple, pour trancher les racines noueuſes & exorbitantes qui ſouvent occaſionnent la chute des malheureux voyageurs qui errent dans cette Forêt Noire, innacceſſible aux rayons du Soleil, il faut ſans doute des forces bien ſupérieures aux miennes. Eh ! bien, j'eſſayerai du moins d'extirper les buiſſons malfaiſans qui déchirent, & quelquefois retien-

K

nent captifs ceux qui paſſent auprès d'eux. Entrons en matière.

Lorſqu'un Citoyen a quelque demande à former contre un autre , il eſt naturel que celui-ci en ſoit inſtruit , qu'il ſache devant quel Juge on veut le traduire & quel jour il faudra qu'il paroiſſe devant ſon Tribunal. De là , la néceſſité des ajournemens qui feront l'objet du Chapitre premier de cette Partie.

Lorſque le délai de l'ajournement eſt expiré , la cauſe doit être plaidée. Mais comme ordinairement il ſe trouve pluſieurs cauſes en état d'être plaidées , il faut que l'une ſoit préférée à l'autre; ce qui néceſſite un reglement que l'on propoſera dans un Chapitre qui aura pour titre; *De l'Admiſſion à l'Audience.*

Quand une cauſe eſt portée à l'Audience , elle doit être inſtruite de part & d'autre. Pour faciliter l'expédition des procès , il eſt abſolument néceſſaire que cette inſtruction ſoit aſſujétie à des règles cer-taines : on en indiquera dans le troiſième Chapitre.

Après qu'une cauſe a été plaidée il peut ſe faire qu'elle ne ſoit pas en état d'être jugée ſur le champ, ſoit par ce qu'il y a des pièces qu'il importe aux Juges de voir par eux-mêmes , ſoit parce que la matière n'eſt pas ſuffiſamment éclaircie. Ces deux cas feront l'objet du quatrième Chapitre.

Qnaud l'affaire eſt parfaitement inſtruite il faut la juger & aſſurer l'exécution du jugement; il en ſera traité dans le cinquième Chapitre.

Si l'une des parties eſt mécontente du jugement qui a été rendu contr'elle , il eſt juſte qu'en certains cas elle puiſſe ſe pourvoir contre ce jugement & , s'il y a lieu, en obtenir un ſecond qui l'anéantiſſe.

Mais comme le bon ordre exige qu'on respecte tout jugement émané d'un Tribunal légal , pour concilier ce respect avec l'équité , il faut qu'on ne puisse attaquer un Jugement qu'avec certaines précautions & d'une manière indiquée par la Loi. Ce sera l'objet du sixième chapitre.

Enfin , dans un septième Chapitre on proposera un projet de taxe de dépens.

CHAPITRE PREMIER.

Des Ajournemens & Significations.

DANS ce chapitre on se propose principalement de détruire à jamais un abus qui depuis longtems, excite inutilement la juste réclamation des plaideurs. Presque tous le monde se plaint que les exploits parviennent rarement aux personnes auxquelles ils sont destinés & que même on prend quelquesfois des précautions pour qu'ils ne leur parviennent point.

Qu'arrive-t-il ensuite ? On obtient un défaut qu'on fait juger & signifier à la partie , de la même manière que l'exploit. Cette partie ne satisfait point à un jugement qu'elle ne connoît pas & dont même elle ne se doute pas. On saisit tous ses biens ; l'horrible Chicane agite ses serpens : l'encre coule , des monceaux de papier en sont inondés , & une famille entière se trouve réduite à la mendicité. Ce n'est point là une exagération. Tout le monde presque peut en attester la vérité. Ces indi-

gnités font connues de la plupart des Magistrats &
cependant ils les souffrent !....

Les moyens qu'on va proposer pour anéantir
l'abus dont-il s'agit, sont si simples, qu'il est inconcevable qu'on ne les ait pas encore employés. Il
faut l'avouer, l'administration de la Justice est en
arrière de trois siècles de toute autre administration.

On ne se contentera point de parler ici, des
exploits d'ajournement, on proposera aussi ce qui
peut-être relatif aux autres sortes d'exploits, afin
de n'être point obligé de se répéter.

ARTICLE PREMIER.

Que tous exploits d'ajournement aux Bailliages
(& si l'on veut aux petites ou grandes Municipalités
& aux Jurisdictions Consulaires) soient faits sans
aucune commission ni mandement, lorsque la partie
assignée sera domiciliée dans l'intérieur du Royaume
(ou plutôt de la Province).

L'Ordonnance de 1667, tit. 2, art. 2, prescrit à peu-près
la même chose, & cependant uniquement pour faire des frais
& gagner de l'argent, les Procureurs de la plupart des Bailliages ne manquent pas de présenter requête afin d'obtenir per-
mission d'assigner ; les Juges se prêtent à cette exaction, &
ne s'en croient pas moins honnêtes gens.

ART. II.

* Qu'ils soient libellés, & contiennent les conclu-

---

* Ordonnance 1667. tit. 2, art. 1.

fions & fommairement les moyens de la demande
& élection de domicile pour le demandeur dans la
Ville où fera établi le Tribunal devant lequel l'a-
journement fera fait, *à peine de nullité & de 30 liv.
d'amende contre l'huiffier*, applicable moitié à la partie
affignée & l'autre moitié à la caiffe générale des
fecours ou aumônes : lorfqu'une partie n'exigera
point fa part de l'amende, que cette part accroiffe
à ladite caiffe générale.

L'amende contre l'Huiffier eft abfolument néceffaire pour
affurer l'exécution de cet article.

ART. III.

Qu'à *peine de nullité*, il foit donné copie fur la
même feuille ou cahier defdits exploits & des pièces
fur lefquelles la demande eft fondée ou des extraits,
fi elles font trop longues.

C'eft ce que prefcrit l'Ordonnance de 1667, tit. 2, art. 6.
On ajoute ici la peine de nullité, parce qu'en France il faut
des peines pour faire exécuter une loi; encore fe joue-t-on
quelque fois & de la peine, & de la loi, & du Légiflateur.

ART. IV.

Que dans tous exploits d'ajournement & autres
& dans la copie defdits exploits tout Huiffier déclare
1º. l'année, le mois, le jour & l'heure auxquels
lefdits exploits feront faits, 2º. les nom, furnom,
qualité & domicile de la partie, à la requête de laquelle ils feront faits ; 3º. le nom & furnom dudit
Huiffier, fa demeure & la Jurifdiction où il eft

immatriculé ; 4°. le nom de la partie aſſignée,
ſa demeure ou le lieu où lui aura été donnée copie
de l'exploit ; 5°. le nom, la qualité & la demeure
de la perſonne à qui ladite copie aura été remiſe,
à peine de nullité & de 30 liv. d'amende contre
l'Huiſſier, applicable comme ci deſſus.

A r t. V.

*Qu'en outre, *à peine de nullité & de pareille amende,
tout* Huiſſier ſoit tenu de faire viſer, dater & ſigner
l'original de *tout* exploit par l'Aſſigné ou ſa femme
ou l'un de ſes enfans pubères à qui il en laiſſera
copie, ſignée de lui, & contenant mention de la
perſonne à qui elle aura été laiſſée & dans le cas
où l'exploit ſeroit viſé par une perſonne autre que
celle qu'elle auroit dit être, qu'elle puiſſe être pour-
ſuivie extraordinairement & que l'huiſſier ſoit
condamné à l'amende ci-deſſus indiquée, ſauf à
ſubir une plus grande peine, dans le cas où il ſe
trouveroit complice du faux.

A r t. V I.

Si l'Huiſſier ne trouve au domicile de l'aſſigné
aucune des perſonnes indiquées ci-deſſus, ou ſi elles
ne peuvent ou ne veulent ſigner, que dans les Villes
il faſſe viſer, dater & ſigner l'original & la copie
de l'exploit par deux des plus proches voiſins qu'il
charge d'en avertir l'aſſigné, & que le même jour
il en remette la copie au Secrétaire de la Paroiſſe

---

* Article général & nouveau.

du Diftrict ou à fon Commis par lequel il fera également vifer, dater & figner l'original, laquelle copie contiendra le détail de tout ce qui fe fera paffé. Dans les Villages, lorfque l'affigné, fa femme ou fes enfans feront abfens, ou ne voudront ou ne pourront figner, que l'Huiffier puiffe s'adreffer directement au Greffier ou Sécrétaire dudit Village, & en cas d'abfence au Syndic ou au Curé, ou fon Vicaire ou au Maître d'école, en faifant toutesfois vifer, dater & figner l'original de l'exploit par celui à qui il en remettra la copie, lequel fera tenu de la donner à l'affigné le plutôt qu'il fe pourra, & celui-ci lui en donnera fon reçu ; en cas que l'Affigné ne fache pas figner, ladite remife pourra lui être faite en préfence de deux témoins qui fachent figner.

Art. VII.

Dans les Villes que le Secrétaire du Diftrict tienne regiftre de tous les exploits qu'il recevra. Lorfque l'affigné fe préfentera pour retirer la copie de l'exploit, que le Secrétaire ou fon Commis la lui remette, après lui avoir fait figner fur le regiftre fa décharge. En cas que celui qui fe préfentera foit inconnu au Secrétaire ou qu'il ne fache figner, qu'il puiffe faire conftater par deux perfonnes domiciliées dans le Diftrict qu'il eft véritablement celui qu'ildit-être, ou bien qu'il puiffe prendre ou faire prendre copie de la copie de l'exploit, & s'il le juge à propos, faire figner cette nouvelle copie par le Secrétaire ou fon Commis ; lequel Secrétaire ou Commis ne pourra rien exiger, ni même recevoir

K 4

de l'affigné , à peine de reftitution du quadruple &,
de dépofition.

Les précautions qu'on indique paroîtront peut-être gênantes,
mais que l'on confidere donc combien les a rendues néceffaires
la multiplicité des fraudes commifes en cette partie. Que l'on
réfléchiffe combien il eft important que les exploits parviennent exactement à ceux à qui ils font deftinés. Chacun fa-
chant que lorfqu'il eft abfent , la copie des exploits qu'on
doit lui fignifier eft dépofée chez le Secrétaire de fon quartier,
pourra très facilement les recevoir tous , quand même fes voifins ne lui donneroient à cet égard aucun avis. D'ailleurs ce
qu'on indique ici s'exécute en grande partie à la pofte, lorfqu'il s'agit de la remife d'une fomme qui excede fix livres ;
eft-il prefque un feul exploit dont l'omiffion ne puiffe occafionner des frais bien fupérieurs à la fomme de 6. l. ?

On n'objectera pas fans doute que les Huiffiers ont ferment
en juftice , & qu'en conféquence il faut s'en rapporter à leur
témoignage. Autrefois le ferment étoit la plus fûre des cautions;
aujourd'hui c'eft la plus foible fûreté qu'on puiffe fe procurer ,
ou pour parler plus jufte , ce n'eft plus qu'un acte dérifoire.
Oui , il faut le dire à la honte de notre fiecle , le parjure n'eft
plus aujourd'hui qu'un jeu & j'ai entendu des gens fe vanter
de ceux qu'ils avoient faits ou fait faire.

Enfin ce qu'on propofe fe pratique auffi à l'égard des
oppofitions qu'on fait faire entre les mains des Notaires. Il eft
vrai que dans ce cas les exploits coûtent plus cher. Mais
augmenter le prix des vacations des Huiffiers & les aftreindre à remplir fidelement leurs fonctions , n'eft-ce pas faire
un véritable gain ? car n'eft-ce pas perdre que de donner
quelque chofe pour *rien* ? & l'on peut appeller *rien* la fignification qu'on fait maintenant de la plûpart des exploits.

Comment pour fept ou huit fols une lettre qui vient de 60
lieues eft-elle rendue fidélement à fa deftination , tandis que
pour une vingtaine de fols (non - compris le contrôle) un
exploit fort fouvent n'eft pas remis à celui qui réfide dans le
lieu même où demeure l'Huiffier chargé de le lui fignifier ?
Tout fe perfectionne , & il n'y a que l'Adminiftration de la
Juftice qui fe déprave de plus en plus , & cependant eft-il rien
qu'il importe plus aux Citoyens de voir bien diriger.

ART. VIII.

Que nul exploit ne puisse être donné avant cinq (ou six) heures du matin , & après neuf-heures du soir , depuis le premier Avril jusqu'au premier Octobre ; ni avant sept (ou huit) heures du matin , & après six (ou sept) heures du soir , depuis le premier Octobre jusqu'au premier Avril.

ART. IX.

Qu'aucun exploit ne puisse être fait les jours où le travail public sera interdit , si ce n'est pour cause très-urgente , ou s'il n'est donné à une Communauté d'habitans.

ART. X.

Que tout Huissier soit tenu de mettre au bas de l'original , des exploits , les sommes qu'il aura reçues , à peine de 30 livres d'amende applicables , comme il est dit plus haut , & qu'à peine de restitution du quadruple , il ne puisse rien exiger au delà de ce qui aura été déterminé par le tarif arrêté par l'Assemblée Nationale , & en cas de récidive qu'il soit privé de son Office.

ART. XI.

Que les étrangers qui seront hors du Royaume , soient ajournés en insérant copie de l'exploit , dans la Gazette de France , (ou autre papier public) &

qu'en ce cas l'Huiſſier ſoit ſeulement tenu de remettre la copie dudit. exploit au Commis du Gazetier ou à la Poſte à celui du Bureau d'affranchiſſement des lettres , avec charge de la faire paſſer au Gazetier , lequel Commis du Gazetier ou de la Poſte viſera , datera & ſignera l'original de l'exploit , & le Gazetier, auſſi-tôt qu'il en aura reçu la copie, ſera tenu de l'inſérer dans ſa feuille.

Art. XII.

A l'égard des François ou étrangers , domiciliés dans les Colonies Françoiſes , que l'on ſeroit dans le cas de faire aſſigner devant un Tribunal établi dans l'intérieur du Royaume, qu'avant de pouvoir les faire aſſigner, on ſoit tenu de s'adreſſer à ce Tribunal, qui, après avoir entendu le demandeur & ſur les concluſions *motivées* du Miniſtère public, accordera ou refuſera la permiſſion de faire aſſigner ; en cas de refus le demandeur pourra ſe pourvoir par appel à la Cour du Roi (ou autre Tribunal Souverain) où il fera intimer le Miniſtère public ſeul.

On pourroit étendre cette diſpoſition au cas où il s'agiroit d'ajourner un Citoyen devant un Tribunal ſitué dans une autre Prov. que celle où il a ſon domicile. Il eſt des plaideurs qui élevent des conteſtations qui n'ont pas le moindre fondement, & par là troublent la tranquillité des Citoyens éloignés d'eux de plus de cent lieues. On objectera peut-être qu'il eſt de règle que le demandeur aſſigne le défendeur devant le Juge du lieu où celui-ci eſt domicilié. Mais il eſt pluſieurs cas où l'on eſt forcé de s'écarter de cette règle, tel eſt celui du recours en garantie.

A R T. X I I I.

Si la sentence ou l'arrêt permettent d'assigner, que copie de l'exploit soit donnée au Bureau de la Poste, en la manière indiquée en l'article onzième de ce Chapitre, pour être envoyée au Secrétaire de la Commission intermédiaire de l'Assemblée Provinciale de la Colonie, lequel la fera passer au Secrétaire de la Municipalité du lieu où l'assigné aura son domicile ou sa demeure & ce dernier la lui fera signifier par un Huissier du lieu, lequel donnera cette copie à l'assigné & lui donnera en outre copie de l'exploit de signification de ladite copie, duquel exploit de signification, il fera viser, dater & signer l'original par l'assigné, on se conformera à ce qui est indiqué par l'article 6. Que cet original soit remis au Secrétaire de la Municipalité ; lequel le remettra au Bureau de la Poste du lieu s'il y en a, ou le renverra au Secrétaire de la Commission intermédiaire de l'Assemblée Provinciale, & celui-ci le fera passer en France pour être remis à celui à la requête de qui l'exploit aura été donné au domicile indiqué par l'exploit.

Dans le cas de cet Article le demandeur seroit tenu d'affranchir le port de la lettre jusqu'au lieu destiné à l'embarquement & de payer au Secrétaire de la grande Municipalité du lieu où il demeureroit le montant des frais que pourroit occasionner dans la colonie l'ajournement dont il s'agit en prenant le plus haut degré du tarif, & le Secrétaire mettroit son reçu sur l'original de l'exploit ; le Greffier de la Municipalité ou de la Commission intermédiaire des États de la Colonie mettroit pareillement sur l'original de l'exploit de signification le montant des frais qui auroient été faits, & en

&as que le montant de ces frais fut inférieur à la somme avan-
cée par le demandeur, le Greffier lui en rembourseroit l'excédent.

On suppose, comme on le voit, que toutes les Municipalités
ne formeroient qu'une seule chaîne, qui uniroit tous les François.

ART. XIV.

Que ceux qui n'ont point de domicile connu
soient assignés au Secretariat de la petite Municipalité du lieu où aura été leur dernier domicile
connu ; & en cas qu'on ne leur ait jamais connu
de domicile, qu'ils soient assignés au Secretariat
de la grande Municipalité du lieu où sera établi le
Tribunal devant lequel l'ajournement sera fait, &
dans l'un & l'autre cas, après avoir vérifié que la
partie assignée n'est point comprise au rôle des
impositions de son département & qu'elle n'est point
non plus sur le registre des personnes qui séjournent
actuellement dans ledit département, que le Secrétaire de la grande ou petite Municipalité, ou son
Commis, vise, date & signe l'original de l'exploit
& l'enregistre, & qu'il l'inscrive ensuite sur un
tableau placé dans le Secretariat ou à la porte dudit
Secretariat.

ART. XV.

Si dans la huitaine personne ne se présente
pour retirer l'exploit, qu'il soit publié à son de
trompe, dans le principal marché & un jour où il
tiendra, & que le lendemain copie ou extrait dudit
exploit soit inséré dans les papiers publics, qu'il
soit même permis à la partie de faire imprimer à ses
frais, des exemplaires de cet exploit & de les faire

afficher, fi bon lui femble, dans toutes les places
du Royaume.

Art. XVI.

Lorfqu'un exploit d'ajournement aura été donné
à la perfonne même de l'Affigné ou à fa femme, ou
à l'un de fes enfans pubères & qu'il fera vifé, daté
& figné par eux, que pour les matières ordinaires
le délai foit de huitaine, fi l'affigné eft domicilié
dans l'étendu du Bailliage devant lequel il fera
ajourné, finon qu'à la huitaine il foit ajouté deux
jours par dix lieues : que pour les matières fommaires ou provifoires, le délai ne foit que de trois
jours, en ajoutant feulement un jour par dix lieues,
fi l'affigné eft domicilié hors du territoire du
Bailliage.

Art. XVII.

Lorfque l'exploit d'ajournement n'aura pas été
donné à la perfonne même de l'affigné, ou à fa
femme ou à l'un de fes enfans pubéres, que les
délais foient augmentés de moitié, tant pour
les matières ordinaires que pour les matières
fommaires.

Art. XVIII.

Dans le cas des articles 11 & 13 du préfent
Chapitre, que les délais foient augmentés de deux
jours, à raifon de 10 lieues par terre & de 20 lieues
par mer ; pourvu qu'il ne s'agiffe point de matières
provifoires ou requérant célérité, auquel cas les
délais ne feront point augmentés, fauf à ftatuer feulement provifoirement.

ART. XIX.

Dans le cas des articles 14 & 15 que les délais foient augmentés de huit jours, s'il s'agit de manières ordinaires & non provifoires.

ART. XX.

* Que ceux qui demeurent dans des Chateaux & Maifons fortes foient tenus d'élire domicile en la Ville la plus prochaine & d'en faire enregiftrer l'acte au Secretariat de la Municipalité de cette Ville ; finon que les exploits qui leur feront donnés en ce Secretariat foient valables.

ART. XXI.

Que tous exploits de fignification qui fe feront dans le cours d'une inftance foient faits au domicile élu pour cet effet par les parties, en parlant foit à la partie elle-même, fa femme ou l'un de fes enfans pubères, ou à la perfonne chez qui l'élection de domicile aura été faite & en fafant vifer l'original, dater l'année, le mois, le jour & l'heure de la fignification, & figner le tout par celui à qui la copie fera remife, & dans le cas où l'une des parties affignées n'auroit point élu domicile & notifié aux autres, cette élection, que les fignifications puiffent lui être faites au Bureau des Huiffiers.

---

* Ordonnance de 1667, tit. 2, art. 15.

A R T. XXII.

Que tout exploit de fignification qui fe fera dans le cours d'une inftance ou trois jours après le jugement, ne paffe en taxe que comme s'il avoit été fait au Bureau des Huiffiers du Tribunal où l'inftance aura été pendante.

On pourroit porter au bureau des Huiffiers ce qu'on auroit à fignifier à fa partie adverfe & celle-ci iroit le prendre en mettant fon *reçu copie* fur l'original ; cela pourroit épargner des frais.

A R T. XXIII.

Que dans les délais des affignations & procédures ne foient compris les jours des fignifications des exploits & autres actes, ni les jours auxquels écherront les affignations, à moins que le contraire ne foit expreffément ordonné par la Loi.

A R T. XXIV.

Que tous les jours, même les Dimanches & les fêtes folemnelles & autres jours de vacance, foient fomptés fans interruption, pour former l'efpace du délai, de manière cependant, que, fi le délai échet un jour de fête ou de vacance, il fe trouve naturellement prolongé jufqu'au premier jour d'Audience.

---

* Ordonnance de 1667, tit. 3, art. 6.

ART. XXV.

Que les exploits de siguification puissent se faire en donnant simplement copie des pièces signifiées & en faisant donner un récépissé par la partie à laquelle elles le feront ; & que lesdites significations puissent être faites par les parties mêmes.

Quel inconvénient y auroit il à permettre aux parties mêmes d'ajourner leurs adversaires ? L'unique objet des ajournemens est que la partie ajournée sache qu'on forme contre elle telle demande pour telle raison, & qu'elle doit paroître tel jour devant tel Juge. Pourvu que cet objet se trouve parfaitement rempli, qu'importe de quelle maniere il le soit ? Ne faut-il pas préferer la voie que les parties trouveront la moins onéreuse : c'est pour le Public & non pas pour eux mêmes que les Officiers sont établis, et par conséquent leur ministère ne doit être employé qu'autant que les parties le veulent. Mais jusqu'à présent les Officiers Publics n'ont été en quelque sorte que des Fermiers d'impôts indirects.

ART. XXVI.

* Que tout exploit d'ajournement, qui contiendra quelque demande relative à la propriété d'un héritage ou à quelques droits imposés sur cet héritage, contienne exactement les tenans & les aboutissans de ces héritages, & l'indication de la Ville, Village ou Hameau où il est situé, ensorte que le défendeur ne puisse ignorer pour quel héritage il est assigné.

---

* Ordonnance de 1667, tit. 9, art. 3.

ART. XXVII.

A rt. XXVII.

S'il s'agit d'une demande en retrait lignager ou
autre retrait quelconque, qu'on obferve ce qui eft
indiqué ci-deffus & qu'en outre l'exploit contienne
des offres du prix de l'acquifition, mais que ces
offres puiffent-être faites de telle manière que bon
femblera, pourvu que ce foit d'une manière intelligible; fi l'on avoit omis de faire des offres, que
l'exploit foit nul, mais qu'il puiffe être recom-
mencé.

CHAPITRES SECOND ET TROISIEME.

*De l'Admiffion à l'Audience & de l'inftruction
ordinaire.*

QUAND les délais de l'ajournement font échus,
il semble tout fimple que les parties fe préfentent
à l'audience, & que chacune y expofe fes moyens;
c'eft ce qui fe pratique dans les Jurifdictions
Confulaires.

Voyons d'abord ce qui fe fait à cet égatd dans les
autres Jurifdictions & nous propoferons enfuite ce
que nous croyons pouvoir être fait.

Quand le délai de l'ajournement eft échu, chaque partie a encore ordinairement la moitié de ce
délai pour fe préfenter au greffe.

Après que ce nouveau délai eft expiré, fi l'une des
Parties n'a pas comparu, l'autre prend défaut ou

L

congé, felon le cas ; c'eft-à dire défaut, fi elle eft demanderefle, & congé, fi elle eft défenderefle. Pour éviter tout embarras, je me fervirait feulement du mot *défaut* qui fera mieux entendu de tout le monde.

Ce défaut s'appelle, *défaut, faute de fe préfenter*. autrement, *de comparoir*.

Quand ce défaut eft pris, il faut encore attendre huitaine pour le faire juger. Cette dernière huitaine expirée, on peut enfin obtenir jugement par défaut, fi perfonne ne comparoit. On n'entrera point ici dans le détail des frais qu'il faut faire pour parvenir à obtenir un jugement par défaut.

Si toutes les parties ont comparu avant l'expiration des délais, il faut que le défendeur fournifle de défenfes à la demande formée contre lui, finon, le demandeur prend contre lui un *défaut faute de défendre*, & le lui fait fignifier. Ce défaut devroit pouvoir être jugé dans la huitaine, mais par l'effet de condefcendances réciproques des Procureurs, il eft rare qu'il le foit.

Si le défendeur fournit de défenfes, ordinairement le demandeur y répond par des écritures plus ou moins étendues. Comme ces défenfes & autres écritures fe payent à raifon du nombre des rôles, on conçoit qu'elles n'ont pas toujours le mérite de la précifion. Car comment chercheroit on à refferrer fes idées, tandis qu'en les noyant dans un déluge de mots, on s'épargne de la peine & l'on augmente en même-tems fon gain ?

Trois jours après que les défenfes font fournies, on peut porter la caufe à l'Audience, & lorfqu'elle eft appellée, fi l'une des parties ne comparoit point ou refufe de plaider, l'autre partie peut obtenir un défaut faute de plaider. Si au contraire toutes les parties comparoiſſent, alors, commencent les plaidoyeries, c'eſt-à dire, la ſeule inſtruction dont les Juges ayent connoiſſance ; car tout ce qui s'écrit dans les cauſes qui ſe plaident, n'eſt deſtiné qu'à inſtruire les défenſeurs des parties, défenſeurs, qui, très'ſouvent ne ſe donnent pas la peine de lire toutes ces écritures. (Et ils n'ont pas toujours tort).

Ainſi l'on peut dire que toute cauſe offre deux combats ; l'un néceſſaire, qui ſe livre à l'audience, en préſence des Juges & du public, entre les défenſeurs des parties ; l'autre inutile, qui n'a lieu que dans l'ombre entre les Procureurs des parties ou leurs Clercs.

Puiſque j'ai commencé à m'expliquer ſur ces écritures, il faut continuer & ne rien cacher.

Le défendeur fournit, comme on l'a dit, des défenſes ; ces défenſes ſe font en groſſe & ſont plus ou moins étendues, ſelon les facultés du client, ou la nature de l'affaire, ou la delicateſſe du Procureur. Le demandeur répond à ces défenſes en quinze, vingt, trente & quarante rôles & quelquefois plus. Le défendeur réplique à ces réponſes avec plus ou moins de prolixité.

Ces écritures ne ſont quelquefois que les copies des plaidoyers des Avocats, que ceux ci prètent aux Procureurs, quelquefois au contraire ce ſont les plaidoyers qui ne ſont que les copies des requêtes ; ſouvent les écritures & les plaidoyers ſont également originaux ; mais dans tous les cas on peut dire qu'ils forment un double emploi.

Le ſeul cas où les requêtes paſſent ſous les yeux des Juges, c'eſt lorſqu'ils ordonnent un déliberé ;

mais alors on joint au fac le plaidoyer de l'**Avocat**
ou un mémoire qui difpenfe de lire les requêtes.
Ainfi l'on peut dire que ces écritures ne fervent
ordinairement qu'à occuper & enrichir le Procureur. Je ne m'arrêterai pas à obferver que toutes
ces écritures ont ordinairement beaucoup plus d'é-
tendue qu'elles ne devroient avoir, foit parce qu'elles
font trop diffufes, foit parcequ'elles ne font prefque
jamais groffoyées d'une manière convenable (en
voit-on beaucoup dont chaque page contiènne 20
à 22 lignes & chaque ligne 7 à huit syllables ?)

Ajoutons que ces écritures font ordinairement
faites fort précipitamment, par les Clercs des Procureurs ou par d'autres perfonnes auxquelles ils
donnent une rétribution fi modique qu'elles ne
peuvent vivre qu'en faifant chaque jour un très-
grand nombre de rôles. Sept fous & demi font,
dit-on, le prix ordinaire du rôle pour celui qui le
fait & le refte (comme en tout c'eft l'ufage) eft
pour celui qui ne le fait pas & qui ne fe donne
pas même la peine de le lire ; car 7 fous 6 den.
font le prix des habiles gens dont l'ouvrage n'a pas
befoin d'être revu. Quant aux autres le prix varie
depuis trois fous, dit-on, jufqu'à la fomme de
fept fous fix deniers.

Voila ce qui fe pratique de la part des défenfeurs
des parties ; mais ce n'eft pas toute. On fait qu'il
n'eft pas toujours facile d'obtenir Audience, &
fans fe livrer à aucune déclamation, ne feroit-on
pas fondé à dire que l'audience pourroit-être
accordée d'une manière plus équitable qu'elle ne
l'eft ordinairement ? De malheureux plaideurs fans
proteétion la follicitent, cette Audience, pendant
plufieurs années, tandis qu'on entend quelquefois,

dans des Tribunaux furchargés d'affaires, plaider des caufes qui ne viennent que de naître. Ce font là des faits très faciles à vérifier. Quand on plaide une caufe, on rend compte des faits & des procédures, & l'on manque rarement de citer l'époque à laquelle a été donné l'exploit introductif de la demande. Ainfi, après avoir fuivi les Audiences pendant quelque tems, on eft en érat de porter un Jugement fain fur ce que nous venons de dire.

C'eft ce dernier abus que l'on fe propofe de réformer, ou fi l'on veut, de prévenir, dans le Chapitre qui a pour titre *De l'Admiffion à l'Audience.* Quant aux autres abus dont on vient de parler, on penfe que ce qui eft indiqué par ce Chapitre & par celui de *l'inftruction ordinaire,* peut y remédier efficacement.

ARTICLE PREMIER.

Que le premier Huiffier, ou autre faifant fes fonctions, ait un regiftre fur lequel, à l'expiration du délai de l'ajournement, le demandeur ou fon fondé de pouvoir pourra faire infcrire la caufe par ledit Huiffier, en lui repréfentant l'original de l'exploit.

Un Avocat infcrit fur le tableau & porteur de l'exploit feroit cenfé avoir un pouvoir fuffifant.

ART. II.

Que cette infcription contienne la date du jour où elle eft faite, les nom & furnom du demandeur, la date de l'exploit de demande, le nom de l'Huiffier qui a donné cet exploit, la Jurifdiction où cet Huiſſier eſt immatriculé, les nom & demeure de l'aſſigné, le nom de la perſonne à qui la copie de l'exploit aura été remiſe & qui en aura viſé l'original, la date de l'échéance de l'aſſignation, le nom de la perſonne qui comparoit, qu'enſuite la partie ou ſon fondé de pouvoir ſigne l'inſcription & que l'Huiſſier lui en délivre copie ſignée de lui ; qu'en marge de cette copie ainſi que du regiſtre, ſoit indiqué le jour où la cauſe ſera appellée à l'audience des inſtruêtions, pour être enſuite placee ſur le rôle qui conviendra.

A r t. I I I.

Que le jour où la cauſe ſera appellée à l'audience des inſtruêtion. ſoit le troiſième après l'inſcription, pour les matières ordinaires, & le jour même de l'inſcription, pour les matières proviſoires.

Pour éviter toute confuſion, l'Huiſſier pourroit avoir deux regiſtres, l'un pour les cauſes ordinaires, l'autre pour les cauſes proviſoires.

Ce délai de trois jours qu'on propoſe d'accorder, a pour objet de donner aux parties le tems de conſulter des Avocats ou même de conférer enſemble pour ſe concilier.

A r t. I V.

Si dans les trois jours, ou dans le jour de l'échéance de l'aſſignation, ſelon la diſtinêtion faite dans l'article précédent, le demandeur ne comparoît point & ne fait point inſcrire la cauſe, que le défendeur, après avoir élu domicile dans la Ville où ſera le Tribunal devant lequel il eſt ajourné ſoit en ſa maiſon, s'il demeure dans cette Ville, ou en celle d'un Avocat ou autre perfonne , ou au Bureau des Huiffiers , puiffe , en repréfentant la copie de l'exploit d'affignation , faire infcrire la caufe pour être appellée le jour même à l'audience des inftructions & être placée fur le rôle qu'il appartiendra.

A r t. V.

Que l'infcription qui fera faite à la requête du défendeur contienne fes nom & furnom, le nom de la perfonne par laquelle il comparoit, l'indication de la maifon, de la rue & de la Paroiffe où il fait élection de domicile (dans la Ville où fe trouvera établi le Tribunal) les nom & furnom du demandeur & des autres parties, s'il y en a, la date de l'exploit de demande, le nom de l'Huiffier qui l'aura fait, la Jurifdiction où il eft immatriculé & la mention de la repréfentation dudit exploit ; qu'enfin ladite infcription foit fignée par celui qui l'aura requife & que l'Huiffier qui l'aura faite lui en délivre copie comme ci deffus.

E x t r a i t du Regiftre d'Infcription des caufes ordinaires (ou provifoires) du Bailliage de....

Au 27 Juillet 1789. Aujourd'hui 24 Juillet 1789 eft comparu N.... (mettre ici fi c'eft la partie ou fon fondé de pouvoir) demandeur aux fins de l'exploit du... fait par... Huiffier au Bailliage (ou en la Cour) de... reçu & vifé par... à nous repréfenté par ledit... & dont le délai eft expiré le...

Contre... Défendeur demeurant à... & a ledit N. figné. Signé... Huiffier au Bailliage (ou en la Cour) de...

Si c'est le défendeur qui fait inscrire la cause, l'inscription sera ainsi conçue.

Au 28 Juillet 1789. Aujourd'hui 28. Juillet 1789 est comparu N. Défendeur pour lequel domicile est élu en sa maison (ou en celle de...) située en cette Ville, rûe... Paroisse... N°... (s'il y en a)
Contre N... demandeur aux fins de l'exploit du... fait par... Huissier.... dont le dit.. Nous a représenté la copie duement signée dudit Huissier & dont le délai est expiré le.. (Il faudra que l'Huissier ait soin de ne faire cette inscription & la précédente qu'autant que les divers délais ci dessus indiqués feront expirés) & a ledit.... signé. Signé... Huissier au Bailliage (ou en la Cour) de...

A R T. V I.

Lorsqu'une cause ne sera inscrite sur le registre que trois jours ou un jour après l'expiration des délais de l'assignation, selon la distinction faite en l'article 3, qu'elle puisse être appellée le jour même à l'audience des instructions.

A R T. V I I.

Qu'il soit permis aux parties, lorsqu'elles seront d'accord, à cet égard, de faire enregistrer leur cause sur le registre d'inscription, avant que les délais de l'assignation soient échus, mais qu'en ce cas l'inscription soit signée des deux parties, ou de leurs fondés de pouvoirs.

A R T. V I I I.

Que chaque jour d'Audience, à l'ouverture de celle qui fera nommée *Audience des inftructions*, l'Huiffier app lle toutes les caufes qui feront enregiftrées fur le regiftre ou les regiftres d'infcription & dont le jour d'appel fera venu, en commençant par les plus anciennes. Si perfonne ne fe préfente à l'appel de la première, qu'il appelle la feconde & ainfi de fuite.

Alors n'auront plus de prétexte les plaintes fcandaleufes de certains plaideurs qui prétendent que l'or feul ouvre la porte des Tribunaux. Alors plus d'injuftes préférences n'exciteront les murmures du pauvre arraché à fes travaux. La caufe la plus ancienne fera toujours plaidée la premiere, quelles que foient les parties qui figurent ; prefque auffi-tôt que les délais d'une affignation feront écoulés, on pourra connaître à peu près dans quel tems la caufe fera plaidée & fi l'on veut a plaider foi même ou l'entendre plaider, on ne fera pas obligé d'interrompre longtems fes occupations ordinaires.

A R T. IX.

Lorfqu'une caufe fera appellée, les parties, ou celle qui fera préfente, indiqueront fommairement (*en une phrafe, ou deux tout au plus*) de quelle nature eft la caufe, fi elle eft fufceptible de communication au miniftère public & fur quel rôle elles defirent que cette caufe foit placée, & le Juge décidera conformément à leur defir.

A R T. X.

Qu'il y ait trois fortes de rôles, les uns pour les

caufes ordinaires , les autres pour les caufes majeures, un autre enfin pour les caufes fommaires, provifoires ou d'inftruction.

Il pourroit y avoir dans les Cours trois rôles de la premiere efpece, c'eft-a-dire pour les caufes ordinaires qui fe pláideroient à 7 ou 8 heures du matin, favoir, le rôle des lundis & jeudis , celui des mardis & vendredis & celui des mercredis & famedis ; fix pour les caufes majeures qui fe plaideroient de huitaine en huitaine à 9 ou 10 heures du matin. A l'égard des caufes fommaires, provifoires ou d'inftruction, on pourroit établir pour les Juges, plufieurs chambres compofées de trois Juges feulement qui donneroient audience chacune tous les jours , à l'iffue de la grande Audience. L'appel des caufes à mettre au rôle fe feroit fpécialement à l'une de ces chambres ; quant aux autres affaires provifoires ou fommaires , elles fe diftribueroient également entre ces chambres (Il ne s'agit ici que des caufes civiles).

Dans les Bailliages il pourroit y avoir chaque femaine trois jours d'Audience deftinés aux matieres civiles , tels, par exemple, que les mardis , jeudis & famedis. Il n'y auroit qu'un rôle pour les caufes ordinaires, trois pour les caufes majeures & un pour les caufes fommaires , provifoires & d'inftruction ; on pourroit même accorder audience tous les jours pour cette derniere efpece de caufe.

ART. XI.

Lorfque le Juge aura décidé fur quel rôle une caufe fera mife, que l'Huiffier l'infcrive fur ce rôle & croife l'infcription qui en avoit été faite fur le regiftre, en indiquant en marge le rôle fur lequel la caufe eft mife & le numéro fous lequel elle y eft infcrite & qu'il délivre aux parties ou à celle qui le requerra , un extrait de l'enregiftrement fur le rôle, figné de lui.

A r t. X I I.

Lorſque l'Huiſſier aura appellé toutes les cauſes inſcrites pour être miſes au rôle, qu'il préſente le rôle au juge & le lui faſſe arrêter & ſigner ſur le champ. (ce qui ſera obſervé tous les jours où il y aura eu quelque cauſe miſe au rôle).

Tout cela eſt bien plus ſimple que d'aller ſupplier M. A. de vouloir bien parler à M. B. afin qu'il faſſe tous ſes efforts pour déterminer M. C. à demander l'Audience à M. le premier Préſident ou à ſon Secrétaire. Selon notre plan, moyennant 12 ou 20 *jous* ou ſera quitte de tout & embarras.

A r t. X I I I.

Que les rôles des cauſes ordinaires ſoient clos dans les Bailliages, un mois, & dans les Cours, deux mois avant les vacances de Pâques & celles d'Août ou Septembre, c'eſt à dire, que dans le mois ou les deux mois qui précéderont la quinzaine de Pâques, il ne puiſſe plus être inſcrit de cauſes que ſur les rôles d'été; & dans le mois ou les deux mois qui précéderont les grandes vacances, que les cauſes ne puiſſent plus être inſcrites que ſur le rôle d'hiver, ſauf cependant le cas où les rôles ne ſe trouveroient pas ſuffiſamment remplis ; alors qu'on puiſſe inſcrire ſur les rôles autant de cauſes qu'il paroîtra néceſſaire pour remplir les Audiences.

A r t. X I V.

Lorſque des cauſes placées ſur le rôle d'un ſémeſtre

n'auront pû être plaidées dans le cours de ce fémeftre, parce qu'avant fon expiration, leur tour ne fera point venu, qu'elles foient plaidées dans l'autre fémeftre à des Audiences extraordinaires qui feront accordées, s'il le faut, même pendant les grandes vacances, de manière que quand une caufe aura été infcrite fur un rôle, elle foit plaidée & jugée au plus tard dans les huit mois à compter de fon infcription, à moins qu'une des parties ne vienne à décéder avant que la caufe foit en état d'être jugée ou que la caufe ne foit mife en délibéré ou appointée, ce qui n'aura lieu que dans les cas où la caufe ne pourra être jugée fur le champ.

Actuellement qnand une caufe mife au rôle n'a pu venir à fon tour elle eft appointée de droit; ce qui a été établi pour faciliter l'expédition des affaires. A-t-on atteint le but qu'on s'étoit propofé? C'eft ce que l'on va examiner.

Une caufe eut été plaidée, fi elle eut été l'une des cinq ou fix premieres du rôle, les plaidoieries n'euffent peut être rempli qu'une ou deux audiences, & chaque Avocat eut reçu un louis ou deux pour fes honoraires & peut-être moins. Mais comme la caufe ne s'eft trouvée malheureufement que la 20 ou 30ᵉ. fur le rôle, elle eft appointée. En conféquence chaque partie commencera par produire fes pieces auxquelles elle joindra une requête de production plus ou moins longue, ou bien au lieu de cette piece d'écriture, elle en donnera deux, l'une fous le titre d'*avertiffement*, l'autre fous le titre d'*inventaire* où l'on copiera à-peu-près ce qui fera dans l'*avertiffement*.

Soyons bien modérés & contentons-nous, au rifque de faire rire, de fuppofer que l'avertiffement n'aura que trente rôles & l'inventaire 12 ou 15.

Chaque partie contredira la production de fon adverfaire par des écritures qui auront une certaine étendue.

Enfuite chaque partie fournira de *falvations aux contredits* de l'autre, par conféquent au moins 3 ou 4ᵉ. piece d'écriture.

Suppofons qu'on en refte là, & ne confidérons que les pieces

d'écriture d'Avocat que nous évaluerons le moins qu'il fera poſſible, en prenant le tarif d'une Cour Souveraine.

1°. Avertiſſement en 30 rôles.	90 liv.	
2°. Contredits en autant de rôles.	90	
3°. Salvations en 20 rôles.	60	
	240 liv.	

Voilà 240 livres données ou plutôt cenſées * données à l'Avocat qui n'eut eu peut-être que 24 livres, ſi la cauſe ſe fut
plaidée. Nous ne parlons pas des écritures des Procureurs & de
la ſéquelle interminable de leurs droits qui, tout petits qu'ils
ſont, forment par leur réunion une ſomme preſque égale à celle
du prix des pieces d'écritures. Ainſi l'on peut dire que dans
l'eſpece qu'on vient de propoſer, les frais, *qui paſſent en taxe*,
monteroient de chaque côté environ à 500 livres. Ceux qui ont
eu occaſion d'en faire l'épreuve, nous trouveront ſans doute
beaucoup trop modérés.

Ce n'eſt pas tout ; l'inſtruction dont on vient de parler ſe
fait très-rapidement quand elle ſe fait dans l'eſpace d'un
an ; & après que tout eſt fini de la part des parties, commence le travail des Secrétaires des Rapporteurs, & là-deſſus
nous n'avons rien à dire : notre ſilence ſera ſans doute aſſez expreſſif.

A r t. X V.

A l'égard du rôle de l'audience des inſtructions,
qu'il ſoit le même pour toute l'année, & que par
conſéquent il ne ſoit jamais clos, même pendant
les grandes Vacances.

Les Audience ordinaires qui ſe tiendront pendant les vacances ne ſeroient deſtinées qu'aux cauſes proviſoires.

---

* On fait que les Avocats reçoivent bien moins de 3 livres pour
chaque rôle d'écriture, le reſte du petit écu paſſe dans les mains
de ceux qui n'en devroient rien avoir. *Sic vos non vobis mellifi-
catis, apes.*

Art. XVI.

Que dans la falle d'audience il y ait des tableaux ou liftes des caufes mifes aux rôles ; que l'Huiffier infcrive fur ces liftes les caufes à mefure qu'elles feront mifes fur les rôles , & qu'il les en efface à mefure qu'elles feront jugées , ou rayées du rôle.

CHAPITRE TROISIEME.

De l'Inftruction ordinaire.

On vient de voir que le Chapitre précédent épargne aux parties les frais prefque toujours fruftratoires des défauts, faute de comparoir & faute de défendre : ce Chapitre fera encore plus avantageux aux plaideurs.

ARTICLE PREMIER.

Lorfque le tour d'une caufe placée à un rôle quelconque viendra , qu'elle foit appellée , & fi perfonne ne fe préfente , qu'elle foit rayée du rôle , fauf aux parties ou à l'une d'elles à la faire infcrire de nouveau fur le regiftre d'infcription , pour être enfuite mife au rôle en la manière indiquée dans le Chapitre précédent. Si l'une des parties a chargé quelqu'un de fa défenfe , que celui-ci dans le cas où , en ne fe préfentant pas , il

auroit donné lieu de rayer la caufe , foit refpon-
fable de fa négligence envers la partie qui lui aura
confié fes intérêts.

Cette refponfabilité pourroit fe réduire à être condamné en
des dommages interêts envers la partie, par exemple, en 1 liv.
10 fous ou 3 liv. pour chaque jour de retard que fa négligence
auroit apporté au jugement de la caufe.

A r t. I I.

S'il ne fe préfente qu'une feule partie , foit que
ce foit le demandeur ou le défendeur , qu'il foit
tenu de remettre, à l'inftant même, copie de l'exploit de demande au Confeiller-Secrétaire, & de
lire en entier cet exploit ; enfuite, fi c'eft le demandeur ou fon défenfeur qui paroît, qu'il rende
fuccinctement compte des faits , & qu'il expofe
fes moyens. Si au contraire c'eft le defendeur ,
qu'il remette au Confeiller-Secrétaire copie dudit
exploit & de fes conclufions, tendantes feulement
à être déchargé totalement, ou en partie, des
demandes formées contre lui par cet exploit, qu'il
expofe fuccinctement les faits & les moyens ; &
enfin, après que l'Avocat du Roi aura été ouï,
fi la caufe eft de nature à lui être communiquée,
que les Juges adjugent les demandes ou les rejet-
tent, felon qu'il leur paroîtra jufte.

A r t. I I I.

Que la communication au Miniftere public fe
faffe en lui exhibant au Parquet, avant l'audience,

les pièces de la caufe , & en lui expofant fuccinctement & de vive voix fes demandes & fes moyens ;
que le Magiftrat, à qui cette communication aura
été faite , mettre fon *vifa* au bas de l'exploit ou de
la copie de l'exploit.

A R T. I V.

Si l'exploit contient plufieurs chefs de demande,
ou que la partie comparante ait rendu compte d'un
grand nombre de faits , ou ait excipé de beaucoup
de pièces, que les Juges puiffent ordonner un délibéré ; qu'auffi-tôt la partie remette fes pièces au
Confeiller-Secrétaire , avec un inventaire très-fom-
maire defdites pièces, cottées & paraphées par premiere & derniere ; qu'à ces pieces la partie puiffe
joindre un mémoire ou précis manufcrit ou imprimé, *qui ne paffera point en taxe ;* qu'après avoir exa-
miné ces pièces , foit dans la Salle d'audience ou
dans la Chambre du Confeil , un des Juges faffe fon
rapport à la même audience , fi faire fe peut, ou au
moins à la prochaine audience , & que le Jugement
y foit prononcé.

A R T. V.

Lorfqu'il paroîtra à l'audience plus d'une partie,
& que néanmoins quelqu'une fera défaut, que la
caufe foit plaidée par les parties comparantes , en
la maniere qui va être indiquée, fauf, lors du Jugement, à donner défaut contre les défaillans.

A R T. V I.

Lorfque les parties comparoîtront à l'appel d'une
caufe

caufe mife au rôle , que le demandeur ou fon défenfeur remette au Confeiller-Secrétaire copie de
fes conclufions , & les life à haute voix , qu'enfuite
il expofe fuccinctement les faits & développe les
moyens fur lefquels il fe fonde ; qu'aux audiences
du grand rôle, cette premiere plaidoierie n'excéde
pas une heure , une demi-heure aux audiences du
petit rôle , & un quart-d'heure aux audiences des
inftructions , à moins qu'à la pluralité des voix les
Juges n'accordent un plus long efpace de tems.

Que de chofes on peut dire en une demie heure & même
en un quart d'heure , & qu'il eft poffible d'en dire peu en deux
heures !

A R T. V I I.

Que le demandeur ne puiffe prendre à l'audience
d'autres conclufions que celles qu'il aura prifes
par fon exploit , à moins qu'il n'ait fait fignifier
à fa partie adverfe , au moins vingt-quatre heures
avant l'audience , un acte contenant fes nouvelles
conclufions , & dont , avant de commencer fa
plaidoirie , il remettra copie au Confeiller-Secrétaire , & aux Gens du Roi , fi la caufe eft de nature
à leur être communiquée ; que les Juges ne puiffent avoir égard à ces nouvelles conclufions qu'autant qu'elles auront une parfaite connexité avec les
premieres , ou que le défendeur confentira qu'il y
foit ftatué par un feul & même Jugement.

On voit des plaideurs , après avoir fatigué leurs adverfaires pendant plufieurs années par des lenteurs affectées prendre prefque au moment du jugement des conclufions nouvelles
dont l'objet n'eft que d'empêcher que la caufe ne puiffe être

jugée actuellement. Ce font ces chicanes qu'on a .ici deſſein de prévenir.

A R T. V I I I.

Que dans les caufes du grand & du petit rôle, le défendeur foit tenu de répondre le jour d'audience fuivant, (du même rôle,) à moins qu'il ne fe trouve en état de répondre fur le champ ; ce qu'il lui fera permis de faire ; qu'il ait la faculté de parler autant de tems que le demandeur. A l'égard des caufes mifes au rôle des inftructions, que le défendeur foit tenu de parler à la même audience que le demandeur.

A R T. I X.

Que le défendeur, avant de plaider, remettre au Confeiller-Secrétaire copie de fes conclufions, & les life à haute voix ; que ces conclufions ne puiflent tendre qu'à être renvoyé totalement ou en partie de la demande formée contre lui, à moins que les plus amples conclufions qu'il voudra prendre, n'aient un rapport direct à la conteftation, & qu'il n'en ait donné copie à fa partie adverfe, au moins vingt-quatre heures avant l'audience, ou bien à moins que cette partie adverfe ne confente qu'il foit fait droit fur ces nouvelles conclufions, dans le cas où elles feroient étrangeres à la caufe préfente.

A R T. X.

Après que le défendeur aura fini fa plaidoirie,

qu'il foit permis au demandeur de répliquer ; que
cette réplique foit faite en un demi-quart d'heure ,
& à la même audience , fi la caufe eft au rôle des
inftructions ; en un quart-d'heure & dans la même
audience ou la fuivante , fi la caufe eft au petit
rôle , & enfin , en une demi heure dans la même
audience , ou dans la fuivante fi la caufe eft au
grand rôle , à moins qu'à la pluralité des voix ,
les Juges n'accordent un plus long efpace de tems.

A R T. X I.

Que lors de cette réplique le demandeur ne puiffe
prendre de nouvelles conclufions , qu'autant qu'il
les aura fait fignifier à fa partie adverfe , vingt-
quatre heures avant l'audience , & que d'ailleurs
les Juges ne puiffent avoir égard à ces nouvelles
conclufions , qu'autant qu'elles auront un rapport
direct à la conteftation , à moins que l'autre partie ne confente qu'il y foit fait droit ; qu'avant
de parler , la partie ou fon défenfeur remette copie
de ces nouvelles conclufions au Confeiller-Secrétaire.

L'acte contenant les conclufions pourroit être une requête
faite en cette forme.

A Meffieurs du Bailliage ou de la Cour de...

(point de *Noffeigneurs* , ce terme fent l'efclavage).

M E S S I E U R S.

N... demandeur.
) Point de faits ni de moyens d'obfervations quelconque);
Vous prie (on ne doit point *fupplier humblement* un homme
de fare fon devoir ; cela lui fait croire que c'eft une grace

qu'on lui demande) d'ordonner que (mettre ici les conclufions que l'on jugera à propos de prendre). Signé. .. (la
partie ou fon défenfeur).

A R T. X I I.

Après que le demandeur aura répliqué, que les
Gens du Roi portent la parole, fi la caufe leur a
été communiquée ; finon, qu'il foit procédé au Jugement, à moins qu'à la pluralité des voix, les
Juges ne permettent au défendeur de parler.

Si l'on vouloit permettre aux plaideurs ou à leur défenfeurs
de parler autant de fois qu'il leur plairoit, la mort feule mettroit
fin à leurs plaidoieries.

A R T. X I I I.

Lorfque les Gens du Roi auront donné leurs
conclufions, qu'ils en remettent copie de fignée
d'eux au Confeiller-Secrétaire qui les tranfcrira fur
le champ.

A T T. X I V.

Lorfque la valeur des objets de la conteftation
excédera mille livres, qu'il foit permis à chacune
des parties de faire imprimer des mémoires ou
précis qui ne pafferont en taxe, lorfqu'ils feront les
premiers pour chaque partie, favoir, à l'audience
des inftruétions, que pour une feuille d'impreffion
in-4o. ; à celle du petit rôle pour deux feuilles ; à
celle du grand rôle pour quatre feuilles ; que les
mémoires fervant de répliques ne paffent en taxe que
pour la moitié du nombre de feuilles qu'on vient

d'indiquer ; que ces mémoires ou précis foient fignés , & qu'ils ne puiſſent l'être que par la partie même , *ou* par un Avocat infcrit fur le tableau.

On trouvera peut-être fingulier que dans cet article nous propofions d'établir que les mémoires dont-il s'agit, ne paſſent point en taxe même contre la partie qui aura donné pouvoir de les faire. Mais qu'on daigne faire attention que très-fouvent les parties font victimes de leur confiance. Un Avocat leur demanderoit la permiſſion de faire *un petit bout de mémoire* qu'il leur diroit être de la derniere importance : elles y confentiroient ; enfuite paroîtroit un très-ample mémoire qui ne diroit aux Juges que ce qu'ils fauroient déja fort bien.

A R T. XV.

Lorfque l'objet de la conteſtation n'excédera pas mille livres , que les parties puiſſent , fi bon leur femble , faire imprimer des mémoires , mais que ces mémoires ne paſſent point en taxe , même contre la partie pour laquelle ils feront faits , quand même elle auroit donné pouvoir de les faire , & que dans tous les cas un Avocat n'en puiſſe faire imprimer pour fa partie , fans y avoir été autorifé par elle.

CHAPITRE QUATRIEME.

De ce qui doit être fait dans le cas où après les plaidoiries la cause ne se trouvera pas en état d'être jugée.

C'EST ici qu'actuellement la chicane frappe à grands coups ses victimes. En effet la voie que dans ce cas on emploie le plus ordinairement, c'est l'appointement, & il n'est presque personne qui ne sache combien cette instruction est dispendieuse. D'immenses volumes d'écritures se succédent souvent pendant une longue suite d'années, do très-amples mémoires les suivent, & quand les défenseurs des parties sont épuisés, commence le travail du Secrétaire du Rapporteur. Lorsqu'à force de sollicitations de toute espèce, on est parvenu à faire achever ce travail qu'interrompent ou du moins retardent quelquefois les artifices de l'adversaire; il faut que le Rapporteur lui même prenne connoissance de l'affaire, & il est bien rare que l'on ne trouve pas moyen de suspendre quelque temps son rapport par des productions nouvelles, ou par d'autres incidens que fait faire naître la mauvaise foi des plaideurs, ou l'avidité de leurs défenseurs; car c'est ici sur-tout que se développe cette avidité criminelle, qui jusqu'à présent a causé la ruine de tant de familles.

On va proposer des moyens de remédier à ces

abus , & en fupprimant en partie ce qui fe pratique actuellement , on s'efforcera de rendre plus utile ce qu'on en confervera.

Maintenant , quand après les plaidoiries refpec-tives des parties , une caufe ne fe trouve pas en état d'être jugée , on ordonne *quelquefois* un dé-libéré. Cette voie eft fort bonne , & nous propo-ferons d'y avoir *toujours* recours , lorfque les Juges , après avoir entendu les plaidoiries , ne fe trouveront pas fuffifamment inftruits.

Lorfqu'un délibéré eft ordonné , toutes les pièces des parties paffent fous les yeux des Juges , & l'on peut dire qu'alors ils voyent ce qu'ils avoient en-tendu lors des plaidoiries. Mais cet examen vifuel peut n'être pas fuffifant ; il peut fe faire que les moyens des parties ne foient pas affez développés , & que les queftions qui font l'objet de la contefta-tion ne foient pas affez amplement difcutées ; c'eft alors véritablement le cas d'ordonner un appoin-tement ; c'eft-à-dire , d'ordonner que les parties écriront pour manifefter davantage la juftice de leurs prétentions. Ainfi ce Chapitre fera divifé en deux Sections ; dans la premiere on traitera du délibéré , & dans la feconde de l'appointement.

SECTION PREMIERE.

Du Délibéré.

ARTICLE PREMIER.

Lorsqu'après les plaidoiries les Juges ne se trouveront pas en état de rendre un Jugement qu'ils
puissent ordonner un délibéré.

ART. II.

Lorsque le délibéré aura été ordonné, que les
pièces soient remises sur le champ au Conseiller-
Secrétaire, avec un inventaire sommaire contenant simplement la désignation de chaque pièce,
& sa date ; qu'il signe le double de cet inventaire,
lequel double restera entre les mains de la partie.

ART. III.

Qu'aussi-tôt, si faire se peut, ou au moins après
l'audience, les Juges se retirent dans la Chambre
du Conseil, & nomment l'un d'eux pour rapporteur.

Cette nomination doit-être très secrete.

Art. IV.

Lorſque la délibération ſera finie & que le Jugement ſera préparé, que les Juges rentrent dans
la Salle d'audience ; que le Rapporteur faſſe ſommairement ſon rapport, *à haute voix*, & remette
copie, ſignée de lui, de ſon avis, au Conſeiller-
Secrétaire, qui le tranſcrira ſur le champ ſur le
regiſtre, & qu'enſuite chacun des Juges opine,
auſſi à haute voix.

La publicité des rapports & des opinions en aſſurera la juſtice
& en même tems ſervira d'inſtruction pour le public.

Art. V.

Lorſque la cauſe miſe en délibéré ne ſera point
de nature à pouvoir être jugée ſur le champ, que
le Juge qui, *dans la Chambre du Conſeil*, aura
été nommé Rapporteur, ſe charge des pièces ſur
un regiſtre ſecret, ou au bas des inventaires remis
au Conſeiller-Secrétaire par les parties, & qu'il
puiſſe emporter ces pièces chez lui pour les examiner plus à loiſir ; mais qu'il ſoit tenu de faire
ſon rapport dans trois jours au plus tard, pour
les matières ſommaires ou proviſoires, & dans
huitaine pour les matières ordinaires, à peine d'a-
mende *contre tout le Tribunal*, laquelle demeurera
encourue de plein droit au profit de la caiſſe des
aumônes ou ſecours, ou des parties qui la requer-
ront, après avoir rempli les formalités ci-après
indiquées.

Art. VI.

Le délai de trois jours ou de huitaine étant expiré, que celle des parties qui voudra faire juger la cause, puisse s'adresser aux Membres de la Grande Municipalité du lieu, auxquels il justifiera qu'il est en cause au Bailliage avec telle personne, que la cause a été mise en délibéré tel jour, & que par conséquent le délai prescrit pour le Jugement est expiré, (ce qui pourra se justifier en représentant une liste des délibérés, signée du Conseiller-Secrétaire); qu'en conséquence les Officiers de la grande Municipalité écrivent aux Président & Officiers du Bailliage une lettre, contenant prière ou invitation de faire juger incessamment une cause pendante entre tel & tel, mise en délibéré tel jour; que cette lettre soit remise par un Huissier de la Municipalité au Conseiller-Secrétaire du Bailliage qui en visera, datera & signera le duplicata que l'Huissier remettra au Secrétaire de la Municipalité, & celui-ci à la partie; qu'il soit enjoint sous peine de l'honneur, à tous Officiers des Municipalités de garder le secret sur les requisitions qui leur seront faites par les parties, de sorte que les Tribunaux ignorent entiérement qu'elle est celle d'entre elles qui presse le Jugement.

Le Magistrat doit-être aussi impassible que la loi dont il est l'organe. Mais ce qu'on doit-être, l'est-on toujours ?

Ces lettres pourroient-être imprimées avec des blancs qu'on rempliroit de la maniere qui conviendroit : ainsi elles n'auroient rien d'offensant pour les Officiers des Bailliages. Pour obtenir ces lettres, il suffiroit de s'adresser au Secrétaire de la Municipalité.

A R T. V I I.

Si trois jours après l'invitation faite au nom de la grande Municipalité, le rapport n'eſt point fait, que le Bailliage, en la perſonne de ſon Secrétaire, ſoit ſommé par un Huiſſier de la grande Municipalité, de repréſenter le lendemain extrait du Jugement du délibéré, avec déclaration, que faute de ce faire, le Bailliage y ſera contraint par amende d'autant de fois 6 liv. qu'il y aura de parties dans la cauſe, pour chaque jour de délai.

A R T. V I I I.

Si le lendemain de cette ſommation le ConſeillerSecrétaire du Bailliage ne repréſente point l'extrait du Jugement du délibéré, qu'il ſoit fait itérative ſommation, & qu'en outre il ſoit déclaré au Bailliage, en la perſonne du Secrétaire, que les amendes ſont encourues à compter du jour où a été faite l'invitation, & que juſqu'à concurrence deſdites amendes, il ſera fait délivrance aux parties, par le Tréſorier de la Municipalité, des appointemens des Officiers du Bailliage; que la part des parties qui n'auront point requis l'amende, ſoit verſée dans la caiſſe des aumones ou ſecours, (afin qu'il n'y ait aucune des parties à qui les Juges puiſſent s'en prendre, & que la crainte de leur déplaire ne force perſonne de les ménager.)

On trouvera peut être les diſpoſitions de cet article fort dures. Mais eſt-il fort doux pour un malheureux plaideur dont tous les revenus ſont ſaiſis ou paſſent en d'autre mains que les fiennes, de voir que tandis qu'il languit dans la misère, ses Juges paffent dans un doux loifir le plus de tems qu'ils peuvent & le laifferoient plutôt périr de faim que de renoncer quelques jours aux feftins , aux jeux , aux fpectacles , pour s'occuper de l'examen de fon procès ? Cette note ainfi que bien d'autres ne s'applique pas *aux* Magiftrats , mais *à des* Magiftrats.

A R T. I X.

Que chaque jour pareille fommation & déclaration foit faite pendant la premiere & feconde huitaine.

A R T. X.

Que pendant la deuxieme huitaine les amendes foient doubles.

A R T. X I.

Si trois femaines après la premiere fommation , le rapport ne fe trouve point fait, que le Procureur Syndic ou premier Cenfeur de la grande Municipalité écrive au Procureur Général-Syndic ou premier Cenfeur-Général de la Commiffion Intermédiaire des Etats de la Province, lequel dénoncera à la Cour du Roi, (ou Cour Souveraine de Juftice,) le déni de juftice du Bailliage.

A R T. X I I.

Que fur cette dénonciation , le Bailliage foit décrété d'affigné pour être ouï, & tenu de comparoître par un de fes Membres , député à cet effet.

ART. XIII.

Que ceux des Officiers du Bailliage qui fe trouveront coupables ou complices du déni de juftice
foient privés de leurs Offices , & qu'ils ne puiffent
pendant un an fe préfenter aux concours.

ART. XIV-

Que tous les frais d'invitation , de fommation ,
de dénonciation & autres, foient à la charge du
Bailliage qui les aura occafionnés.

ART. XV.

Que ces invitations , fommations & dénonciations ne puiffent avoir lieu dans le cas où il y aura
impoffibilité d'accorder Bureau , parce qu'il fe trouvera un trop grand nombre de caufes mifes en délibéré. Pour prévenir tous abus , qu'il foit fait une
lifte des caufes mifes en délibéré ; qu'elles y foient
infcrites par ordre de date des Jugemens qui auront
ordonné le délibéré ; qu'en fuivant cet ordre le Bureau foit accordé chaque jour , (d'audience,) pour
un délibéré , (autre qu'un délibéré fur le champ ;)
& dans le cas où les Juges s'écarteroient des difpofitions de cet Article , que celles des Articles
précédens foient exécutées à la rigueur.

Actuellement il eft impoffible que les rapports foient expédiés
promptement , parce qu'il y a dans les Tribunaux beaucoup
de Juges médiocres & même au-deffous du médiocre , ce qui
force les Chefs des Tribunaux de ne confier les rapports qu'à un

très-petit nombre de Magiſtrats qui par là ſe trouvent ſurchar-
gés. Comme, ſelon notre plan, les offices ne doivent être
donnés qu'à des citoyens capables de les exercer, les rapports
pourroit être également diſtribués entre tous les Magiſtrats,
& ſi les Tribunaux que nous propoſons d'établir doivent-être
compoſés de moins d'hommes que ceux qui exiſtent actuellement, on peut dire qu'ils contiendront plus de Juges, par conſéquent rien de ce que nous indiquons ne ſera difficile à
exécuter.

Art. XVI.

Afin de pouvoir conſtater ſi les Juges ſe con-
forment ou non aux diſpoſitions de l'Article précédent, que toute partie dont la cauſe aura été
mise en délibéré & même toute perſonne puiſſe
exiger du Conſeiller-Secrétaire, moyennant rétribution raiſonnable, extrait ſigné de lui de la liſte
des délibérés, & ſi de cet extrait il réſulte que dans
trente jours d'audience il n'a pas été jugé trente
ou au moins vingt délibérés de regiſtre, qu'on
puiſſe faire faire les invitations, ſommations &
dénonciations indiquées ci-deſſus.

Art. XVII.

Lorſque le Rapporteur ſera en état de faire ſon
rapport, que la cauſe ſoit reportée à l'audience,
comme il eſt dit ci-deſſus.

SECTION DEUXIEME.

De l'Appointement.

ART. PREMIER.

Qu'aucune cauſe de quelle nature qu'elle ſoit ne puiſſe être appointée que dans le cas où, après avoir été miſe en délibéré, & après le rapport qui en auroit été fait, les Juges ne la trouveroient pas ſuffiſamment inſtruite.

ART. II.

Alors, après que le rapport aura été fait à l'audience, qu'il ſoit rendu à la pluralité des voix un Jugement qui ordonne que les parties produiront, écriront & contrediront.

ART. III.

Que *dans un mois*, à compter du jour où l'appointement aura été prononcé, le demandeur produiſe au Greffe ſes pièces, & une requête ou Mémoire contenant toute ſa défenſe; que cette requête ou mémoire ne puiſſe contenir d'autres concluſions * que celles qu'il aura priſes, avant

---

* Les changemens de concluſions ne font qu'embarraſſer les affaires & les éterniſer. Il ſemble que quand une cauſe eſt miſe en délibéré ou appointée, il ne s'agit que de l'examiner plus mûrement, & qu'ainſi elle doit toujours reſter la même.

même que la cause ait été mise en délibéré, à moins que la partie adverse n'y consente; & qu'ils soient terminés par une énonciation sommaire de toutes les pièces qu'il aura produites; que le Conseiller-Secrétaire enregistre cette production sur un registre destiné à cet effet, & qu'il délivre à la partie un extrait de cette inscription signé de lui.

Actuellement le délai pour produire est de 8 jours & quelquefois au bout de huit mois la production n'est point faite. En général tous les délais prescrits par les ordonnances sont trop courts. Qu'en résulte-t-il ? c'est qu'on franchit des bornes dans lesquelles il est impossible de se contenir, & qu'ensuite ne trouvant plus rien qui arrête, ou s'étend autant qu'on veut. Qui demande trop, n'obtient rien.

Art. IV.

Que le Conseiller-Secrétaire ne puisse recevoir cette production ni aucune autre si la requête ou le mémoire n'ont été signifiés à l'autre ou aux autres parties de l'instance, c'est à-dire si ces parties ou leurs fondés de pouvoirs ou autres personnes indiquées au Chapitre des ajournemens n'ont mis leur *reçu copie* au bas de l'original de ladite requête ou dudit mémoire.

Art. XV.

Que le défendeur ne puisse prendre communication de la production du demandeur qu'après avoir renoncé à produire, ou qu'après avoir lui-même remis au Greffe sa production, laquelle ne pourra consister qu'en ses pièces, auxquelles il joindra un inventaire contenant l'énonciation très-

sommaire

fommaire de ſes pièces ſans aucuns gréambule , obſervation , ni même concluſions , & dont il donnera copie au demandeur.

Il eſt intéreſſant que le défendeur ſoit forcé de produire ſes pieces avant de pouvoir prendre en communication celles du demandeur, parce qu'après cette communication il pourroit être tenté de ne point produire quelqu'une de ſes pieces , dont au contraire le demandeur auroit intérêt d'avoir connoiſſance.

Cet article ſupprime une piece d'écriture abſolument inutile; c'eſt l'avertiſſement ou requête de production du défendeur. Ce que cette piece renferme pourra fort bien être mis dans ſes contredits qui contiendront les faits , les moyens du défendeur & ſes réponſes aux moyens du demandeur. La requête de production ou avertiſſement du défendeur & ſes contredits ne forment preſque toujours qu'un double emploi.

ART. VI.

Que pendant l'eſpace d'un mois , à compter du jour où le demandeur aura produit , le défendeur qui aura produit ou renoncé à produire , puiſſe , ſi le demandeur y conſent *, prendre communication , avec déplacement de la production du demandeur pour la contredire , mais qu'il ſoit tenu de rétablir au Greffe ou Secrétariat cette production , avant l'expiration dudit délai d'un mois , à peine d'y être contraint par corps , de quelque âge , de quelque ſexe & de quelque condition qu'il ſoit , fût-il engagé dans les Ordres ſacrés.

Quand le délit eſt le même , pourquoi la peine ſeroit-elle différente ; quelle excuſe peut apporter un Eccléſiaſtique qui

---

* Ce conſentement pourroit être exprimé au bas de la requête ou du mémoire , ou autre piece d'écriture.

a pris en communication des pieces qu'il ne tient qu'à lui de rendre ? Il ne peut y avoir de sa part que de l'entêtement ou de la mauvaise foi.

ART. VII.

Qu'avant l'expiration dudit délai le défendeur soit tenu de mettre au Greffe ou Secrétariat ses contredits, après en avoir donné copie au demandeur ; sinon ledit délai passé, que sans aucun avertissement ni sommation, l'instance puisse être distribuée & jugée sur ce qui se trouvera au Greffe ou Secrétariat.

ART. VIII.

Si le demandeur ne veut point permettre au défendeur de prendre communication avec déplacement, qu'il soit tenu, *à ses frais*, de lui donner copie correcte & très-lisible de toutes les pièces qu'il aura produites, à l'exception de celles dont il lui auroit déjà donné copie, soit par l'exploit de demande, ou pendant le cours de l'instance, & qu'en outre le défendeur ait la faculté de prendre au Greffe ou Secrétariat, autant de fois que bon lui semblera, aux heures convenables, communication, sans déplacer, de la production du demandeur ; qu'il ait également, pendant ledit tems, la faculté de prendre en communication, *mais sans déplacer*, sa propre production.

Dès qu'une fois une partie a mis au Greffe sa production, il ne doit plus lui être permis de la retirer qu'après le jugement du procès. L'expérience apprend combien en général nuisent à l'expédition des affaires les communications avec déplacement. Quand les pieces font forties du Greffe ou des mains du Rapporteur , à peine peut-on parvenir à les y faire rentrer. Je ferois d'avis qu'on ne pût jamais prendre communication qu'au Greffe ou Secrétariat & fans déplacer , fauf à aftreindre les parties à fe donner réciproquement copie des pieces qu'elles produiroient, *aux frais de celle qui les produiroit* , afin de l'empêcher de produire des pieces inutiles.

ART. IX.

Que pendant l'efpace d'un mois, à compter du jour où le défendeur aura fourni fes contredits, le demandeur puiffe prendre communication de la production du défendeur, avec ou fans déplacement, fuivant la diftinction faite ci deffus , & de la fienne propre, *fans déplacer*, & que dans ledit délai il fourniffe de réponfe aux contredits du défendeur.

ART. X.

Qu'après l'expiration de ce mois, ou auffi-tôt que le demandeur aura fourni de réponfes aux contredits du défendeur, celle des parties qui defirera faire juger l'inftance, puiffe la faire infcrire fur le regiftre de diftribution, & que le Confeiller-Secrétaire lui délivre un extrait de l'infcripiion qui en contienne la date & le numéro.

ART. XI.

Si un mois après le jour où aura été rendu l'appointement, le demandeur n'a point produit, que, fans faire aucune fommation préalable, le défendeur puiffe produire, & qu'en ce cas il puiffe joindre à ses pièces une requête ou mémoire de production, imprimé ou manuscrit, dont il donnera copie au demandeur.

ART. XII.

Que dans le délai d'un mois, à comptes du jour où aura été faite cette production, le demandeur puisse en prendre communication avec ou sans déplacement, selon la distinction faite ci-dessus, & y fournir de contredits, sans pouvoir lui-même faire aucune production.

ART. XIII.

Aussi-tôt que ces contredits auront été fournis ou que le délai accordé pour le fournir sera expiré, que l'instance puisse être inscrite sur le registre de distribution, & jugée en l'état où elle se trouvera.

ART. XIV.

Que les instances inscrites sur ce registres soient distribuées par ordre de date aux Juges, chacun à leur tour, à l'exception des Présidens & des Conseillers vétérans ou honoraires qui n'en pourront être chargés qu'autant qu'ils y consentiront.

ART. XV.

Qu'une seconde ou troisieme instance ne puisse tête distribuée à un Juge qu'autant qu'il sera prêt à faire son rapport de celles dont il se trouvera chargé.

ART. XVI.

Que les instances soient distribuées aussi-tôt qu'il se trouvera des Juges en état de s'en charger.

ART. XVII.

Que dans quinzaine, à compter du jour où une instance aura été distribuée, le Juge qui en aura été chargé soit tenu de faire son rapport, à moins que le Bureau ne soit occupé par d'autres Rapporteurs.

ART. XVIII.

Qu'il y ait de droit au moins trois fois par semaine, dans les Bailliages, & une fois par jour dans les Cours, Bureau pour une nouverlle instance, à moins qu'il n'y en ait aucune en état d'être jugée.

ART. XIX.

Que le nom du Rapporteur soit inconnu aux parties, & qu'il leur soit même défendu de solliciter ou faire solliciter les Juges.

A quoi servent les sollicitations ? A importuner les Juges, ou à les prévenir défavorablement contre l'une des parties. En considérant les choses sous le point de vue le moins odieux, solliciter ses Juges, c'est leur dire : Au nom de Dieu, Messieurs je vous en conjure, soyez honnêtes gens ; & il faut l'avouer la priere eſt tout à fait honnête. Sous un autre rapport les ſollicitations ſont d'une abſurdité révoltante. En effet, pour que les Juges puiſſent avoir égard aux mémoires d'une partie, il faut qu'ils aient été ſigniﬁés à l'autre, & cependant il eſt permis d'aller trouver ſes Juges & de leur dire tête à tête tout ce qu'on veut ! N'eſt-ce pas là défendre de frapper un homme & permettre en même tems de l'empoiſonner ?

Art. XX.

Qu'après que l'inſtance ſera inſcrite ſur le regiſtre des diſtributions, les parties puiſſent ſe faire ſignifier telles écritures & mémoires que bon leur ſemblera, mais que ces écritures & mémoires, quand même ils ſeroient les premiers, ne paſſent point en taxe, même contre les parties pour leſquelles ils ſeront faits, *& que ces écritures & mémoires ne retardent point le Jugement.*

Art. XXI.

Que les écritures & mémoires qui ſeront ſigniﬁés après que l'appointement aura été ordonné, ne puiſſent être ſignés que par des Avocats inſcrits ſur le tableau.

Art. XXII.

Que les premieres écritures & les premiers mémoires faits après l'appointement ordonné, (c'eſt-à-dire, la requête ou le mémoire de production du demandeur, & la requête ou le mémoire de contredits du défendeur, ne paſſent en taxe, ſi la cauſe étoit d'abord ſur le petit rôle qu'à raï-

fon de quatre feuilles d'impreſſion *in-4o.* de huit
pages chacune ; & ſi la cauſe étoit ſur le grand
rôle, à raiſon de ſix feuilles ; que les réponſes que
le demandeur fournira aux contredits du défendeur
ne paſſent en taxe qu'à raiſon de deux ou trois
feuilles, ſelon la diſtinction que l'on vient de faire.

On peut dire qu'actuellement il n'eſt preſque pas de pieces
d'écritures qui ne contienne dans chaque page un tiers de ſilla-
bes de moins qu'il n'eſt preſcrit par les réglemens. Voilà
donc deja des écritures trop longues d'un tiers ; enſuite que
d'inutilités, que de redites ces écritures contiennent !

ART. XVIII.

Que les parties puiſſent, ſi bon leur ſemble,
faire des productions nouvelles, & des mémoires
ou écritures qui y ſoient relatifs ; mais qu'à cet
égard rien ne paſſe en taxe, même contre les parties pour leſquelles ſeront faites les nouvelles productions, & qu'elles ne puiſſent aucunement retarder le Jugement.

Ces productions nouvelles n'ont ordinairement d'autre objet
que de retarder le jugement ou d'enrichir les défenſeurs des
parties : on ſe garde bien de produire toutes ſes pieces, ou
en réſerve quelques unes qu'on fait paroître ſucceſſivement, ce
qui donne lieu de faire quelques nouvelles pieces d'écritures dans
leſquelles on rappelle ce qu'on a dit dans les précédentes, &
cela fait des rôles qui procurent de l'argent. Qu'on examine les
productions nouvelles d'un procès, & l'on verra que preſque toujours elles ſont inutiles, & que l'on eut très-bien pu produire
dès l'origine de l'inſtance les pieces qu'elles contiennent.

Art. XXIV.

Que les requêres ou mémoire non imprimés ne foient point groffoyés, mais expédiés en minutte très-lifible, qu'ils foient évalués par comparaifon avec des mémoires imprimés, & que ce qui fe trouvera équivaloir à une feuil'e d'impreffion, ne paffe qu'à raifon des deux tiers de ce que feroit taxé la feuille de mémoire imprimée, non compris les frais d'impreffion; mais s'il y a tout à la fois requête ou mémoire manufcrits, & requête ou mémoire imprimés, que l'un des deux feulement paffe en taxe.

Ainfi, felon notre plan, le demandeur pourroit falte imprimer une requête ou mémoire de production, & une requête ou mémoire de réponfe aux contredits du défendeur, & celui-ci ne pourroit faire imprimer qu'une requête ou mémoire de contredits, fauf à chacun d'eux à faire imprimer à fes frais tels autres mémoires que bon lui fembleroit.

On propofe de ne paffer en taxe les écritures qu'à raifon des deux tiers de ce que feroient taxé les mémoires imprimés, par ce qu'elles font ordinairement faites avec beaucoup plus de négligence que les mémoires imprimés.

Art. XXV.

Qoe dans le Greffe ou Secrétarias foit placé un tabléau ou lifte des inftances infcrites pendant l'année, contenant le numéro de chacune d'elles, qu'à mefure que quelqu'une fera jugée, le Confeiller-Secrétaire la raye, en mettant en marge la note du Jugement, (c'eft-à-dire du jour où elle a été jugée.)

Art. XXVI.

Que dans le mois qui précédera les grande vacances il ne puiſſe plus être inſcrit d'inſtance ſur
le regiſtre de diſtribution, à moins que celui des
inſtances diſtribuées n'égale point celui de ſix dans
les Bailliages, & de douze dans les Cours ; auquel
cas il pourra en être inſcrit juſqu'à concurrence de
ce qu'il faudra pour remplir ce nombre.

Art. XXVII.

Le jour de l'ouverture des grandes vacances étant
arrivé, que les audiences de rapport continuent
juſqu'à ce que toutes les enſtances inſcrites aient
été jugées,

Cet article déplaira ſans doute à ces Juges ſi lent à ſe rendre au Tribunal & ſi empreſſés à en ſortir, qui aiment mieux
faire languir les plaideurs ſix mois ou un an de plus que de ſe
priver d'un ſeul jour de plaiſir ; mais de tels Juges ne méritent ſans
doute pas qu'on cherche à leur plaire, ſans citer aucun exemple de la négligence & de la mauvaiſe volonté de certains
Magiſtrats, je crois pouvoir aſſurer qu'on ne ſauroit prendre des précautions trop rigoureuſes pour les forcer à remplir
leurs devoirs.

Art. XXVIII.

Si le Tribunal négligeoit de faire rapporter les
inſtances, qu'on puiſſe faire ce qui eſt indiqué dant
la Section des délibérés.

T. XXIX.

Dans le cas où l'inftance feroit de nature à être communiquée aux Gens du Roi, qu'elle leur foit communiquée pendant quinzaine avant d'être diftribuée au Rapporteur.

Art. XXX.

Que les Gens du Roi foient renus de rédiger eux-mêmes par écrit leurs mémoires & Rapports.

Art. XXXI.

Lorfque le rapport fera prêt, & que les Juges auront, s'ils le veulent, préparé leur Jugement dans la Chambre du Confeil, qu'ils fe rendent à la Salle d'audience, dont les portes demeureront ouvertes, & où le public pourra entrer ; que l'Avocat ou Procureur du Roi, lorfque la caufe fera fujette à communication, life fon mémoire, & remette fur le champ copie de fes conclufions au Confeiller-Secrétaire, qui les tranfcrira fur le champ ; qu'enfuite le Rapporteur life fon rapport, & remette copie de fon avis au Confeiller-Secrétaire, qui le tranfcrira auffi-tôt ; qu'enfin, après avoir recueilli les voix, celui qui préfidera prononce le Jugement, & en énonce les motifs, & que le Confeiller-Secrétaire écrive auffi-tôt fur le regiftre ce Jugement & les motifs.

On fe rappelle que nous avons propofé de ne point permettre de prendre de nouvelles conclufions, après qu'une caufe a été appointée. Les copies de celles qui ont été prises avant l'appointement doivent selon notre plan avoir été remises au Conseiller-Secrétaire lors des Plaidoieries, & elles doivent se trouver visées & relatées dans l'appointement. Si cependant quelqu'une des parties avoit pris de nouvelles conclusions depuis l'appointement, & que les autres parties eussent consenti qu'il y fut fait droit, alors il faudroit que copie de ces conclusions fut remise au Conseiller-Secrétaire, & qu'elles fussent transcrites par lui sur son registre avant les conclusions des gens du Roi, s'il y en avoit, & l'avis du Rapporteur.

CHAPITRE CINQUIEME.

Des Jugemens & de leur exécution.

Lorsqu'une cause ou instance est parfaitement instruite, il s'agit de la juger. Nous avons déjà exposé une partie de ce qui doit être observé lors du Jugement ; nous n'ajouterons ici que quelques dispositions.

ART. PREMIER.

Que tout Jugement soit clair, certain & précis.

ART. II.

Que l'expédition du Jugement contienne le nom des parties, leurs conclusions, celles du Ministère public, si la cause ou le procès lui a été communiqué, l'avis du Rapporteur, si la cause a été mise en délibéré ou appointée, l'indication des divers avis & du nombre des Juges oui les ont embraffés, le difpofitif, les motifs du Jugement, & enfin la liquidation des frais & dépenfes, & des dommages intérêts, s'il en eft adjugé ; que cette expédition foit faite demi-groffe très-lifible (comme les actes des Notaires,) qu'elle foit collatronnée & fignée par le Confeiller-Secrétaire, & que ce ne puiffe être qu'en vertu de cette expédition qu'on puiffe pourfuivre l'exécution d'un Jugement.

Art. III.

Que toute fignification de Jugement définitif foit faite en la forme indiquée pour les exploits d'ajournement ; mais fi le Jugement n'eft que d'inftruction, (par exemple, s'il ordonne un délibéré ou appointemen), que la fignification en foit faite comme il eft indiqué par l'article 25 du titre des Ajournemens.

Art. IV.

* Que ceux qui auront été condamnés par un Jugement dont il n'aura point été interjetté appel à délaiffer, la poffeffiou d'un héritage foient tenús de le faire quinzaine après la fignification qui leur aura été faite du Jugement, à peine de 200 liv. d'amende, applicable, moitié à la caiffe des aumônes ; l'autre moitié à la partie ; & fi l'héritage eft fitué à plus de dix lieues de leur domicile, qu'il leur foit en outre accordé un jour pour dix lieues.

---

* Ordonn. de 1667, tit. 27, art. 2.

(197)

A r t. V.

* S'il ne fatisfont pas au Jugement quinzaine après
la fignification qui leur en aura été faite, qu'il
leur foit fait fommation d'y fatisfaire, & quinzaine
après cette fommation, s'il n'y ont point déféré
qu'ils puiffent être contraints par corps à délaiffer
la poffeffion de l'héritage, & en tous les dommages-intérêts de la partie.

A r t. V I.

Que ceux qui auront été condamnés au paiement
d'une fomme pécuniaire ou d'une certaine quantité
de grains, de muids de vin, & autres objets de
cette efpèce, puiffedt y être contraints par faifie
& vente de leurs meubles, & par faifie de leurs
revenus, & en cas qu'ils ne fuffifent pas, par vente
de leurs immeubles; lefquelles vente de meubles
& immeubles feront pourfuivis, fans frais, (ou
aux moindres frais poffibles.) devant les Comités
des Diftricts dans l'étendue defquels ils fe trouueront
fitués.

A r t. V I I.

Dans le cas où la comdamnation ne feroit que
provifoire, qu'il ne puiffe être procédé à la vente
des immeubles.

---

* Ord. de 1667, tit. 27, art. 3.

A r t. VIII.

Que tout Jugement des Tribunaux François foit exécuté dans toute l'étendue du Royaume, fans *Vifa* ni *Pareatis.*

Ces *Pareatis* ne font qu'occafionner des frais inutiles. Le jugement rendu dans telle Province ou département n'émane-t-il pas de la même autorité que celui qui eft rendu dans telle autre ?

A r t. I X.

* Que le procès foit fait & parfait à ceux qui par violence ou voie de fait auront empêché directement ou indirectement l'exécution d'un Jugement quelconque, par les Juges dont ce Jugement fera émané, fauf l'appel, s'il y a lieu, & que les coupables foient condamnés folidairement aux dommages-intérêts de la partie, & refponfables des condamnations portées par les Jugemens, & en 400 liv. d'amende, moitié envers la caiffe des aumônes, l'autre moitié envers la partie, laquelle amende ne pourra être remife ni modérée; à quoi le Miniftere public tiendra la main.

A r t. X.

* Que celui qui aura été condamné de laiffer la poffeffion d'un héritage en lui remboursant quel-ques fommes, efpèces ou impénfes ou améliora-

---

* Ord. de 1667, tit. 27. art. 8.
* Ord. de 1667, art. 9.

tions ne puiſſe   e contraint de quitter l'héritage
qu'après avoir été rembourſé ; & à cet effet, qu'il
ſoit tenu de faire liquider les eſpèces, impenſes
& améliorations dans un ſeul délai qui lui ſera
donné par le Jugement ; ſinon que l'autre partie
ſoit miſe en poſſeſſion des lieux, en donnant
caution de les payer, après qu'elles auront été
liquidées.

A R T. X I.

Que pour la conſervation des Jugemens, ſoit
établi un double dépôt, l'un près du Tribunal
dont ils ſeront émanés, l'autre dans un bâtiment
qui ſoit entièrement ſéparé de celui où ſera le premier dépôt.

On ſe rappelle que nous avons propoſé d'ordonner 1º que
chaque fois qu'une partie ou ſon défenſeur prendroient des concluſions, elle ou lui en remettent ſur le champ copie correcte &
très liſible au Conſeiller-Secrétaire ; 2º que les Gens du Roi,
lorſqu'ils auront porté la parole & les Rapporteurs, après qu'ils
auront fait leur rapport, remettent les uns copie de leur concluſions, les autres copie de leur avis au Conſeiller-Secrétaire ;
3º que celui-ci tranſcrive lui-même ſur les regiſtres les concluſions & les avis. (Par avis, j'entends les concluſions du Rapporteur).
Les diverſes feuilles qui contiendroient les concluſions des
parties, celles du Miniſtere public & l'avis du Rapporteur
ſeroient réunies enſemble, le Conſeiller-Secrétaire y joindroit
copie du jugement ſigné de lui & du Préſident. Sur chacune
de ces feuilles ſeroit indiqué le *folio* du regiſtre d'Audience
ſur lequel elles ſeroient tranſcrites. Enſuite ce cahier ſeroit mis
dans un carton timbré de l'année où le jugement auroit été
rendu, & dans lequel on renfermeroit tous ceux de la même
année.
Les divers regiſtres de l'année courante ſeroient en la poſſeſſion du Conſeiller-Secrétaire en exercice ; mais les cahiers

dont on vient de parler, feroient remis incontinent après l'Audience où auroit été rendu le jugement définitif au dépôt en préfence du chef du Tribunal, & de l'un des Officiers exeçans le Miniftere public ; il en feroit fait mention fur un Regiftre appellé *Inventaire des Jugemens*, & cette mention feroit figné par ces deux Officiers & le Confeiller-Secrétaire.

La porte du dépôt feroit fermée par trois ferrures dont les clefs feroient entre les mains, l'une du Chef du Tribunal, l'autre du chef des Officiers exerçant les miniftere public & l'autre enfin du Confeiller-Secrétaire.

Lors de l'expiration de l'année de fon Secrétariat, il remettroit au dépôt les regiftres des délibérations & arrêtés de la Compagnie en préfence de fon fucceffeur & des deux Officiers dont il eft parlé ci-deffus. A cet effet fur le regiftre appellé *Inventaire*, il feroit un inventaire fommaire du nombre & de l'état de ces regiftres du nombre des cartons placés dans le dépôt. Cet inventaire feroit figné de lui & des trois autres Officiers.

Il feroit fait mention fur chaque regiftre & fur chaque carton du *folio* du regiftre des inventaires où il feroit enregiftrés.

A l'égard des regiftres où feroient écrits de la main du Confeiller-Secrétaire les conclufions des parties, celles du miniftere public, les avis des Rapporteurs & les Jugemens, le Confeiller-Secrétaire les remettroit à la fin de l'année au Secrétaire de la grande Municipalité (fi c'étoient les regiftres d'une Cour Souveraine ils feroient remis au Secétariat de la Commiffion Intermédiaire de l'Affemblée Provinciale) cette remife feroit faite en préfence du chef du Tribunal de Juftice, du premier des Officiers exeçant les fonctions du miniftere public dans ce Tribunal, du Préfident du Tribunal Municipal & du Citoyen qui y exerceroit le miniftere public. Le Secrétaire de la Municipalité en feroit mention fur un regiftre appellé *Inventaire des Jugemens* ; cette mention feroit figné des fix perfonnes dont on vient de parler. Un récépiffé de ces regiftres feroit donné par le Secrétaire Municipal au Secrétaire du Tribunal de Juftice. Ce dernier l'enregiftreroit en préfence de fon fucceffeur, du Chef du Tribunal de Juftice & du Procureur ou Avocat du Roi, fur le regiftre, appellé *Inventaire*, du Bailliage (ou de la Cour)& enfuite le récépiffé feroit dépofé dans un carton deftiné à cet effet.

rendre

Lorſqu'on voudro t lever l'expédition de qnelque Jugement rendu dans le cours des années précédentes , il feroit fait recherche de ce Jugement , à certaines heures deſtinées de droit à cet objet , par le Conſeiller-Secrétaire en préſence du Chef du Tribunal & de l'un des Officiers exerçant les fonctions du miniſtere public.

Lorſqu'on auroit trouvé le Jugement que l'on chercheroit , le Conſeiller-Secrétaire emporteroit le cahier qui le contiendroit, après s'en être chargé ſur un regiſtre reſtant au dépôt. Quand l'expédition feroit finie , il rétabliroit le cahier dans le carton d'où il l'auroit tiré , en préſence des deux Officiers dont il eſt parlé ci-deſſus, leſquels lui en donneroient décharge ſur le regiſtre ſur lequel il s'en feroit chargé. Cette décharge feroit inſcrite en marge du chargement ou récépiſſé , lequel feroit à l'inſtant croiſé.

On pourroit demander indiſtinctement des expéditions au Conſeiller-Secrétaire du Bailliage & à celui de la Municipalité, Ce dernier en tirant du dépôt le regiſtre dont il auroit beſoin & l'y remettant , ſe conformeroit à ce qui eſt indiqué relativement au Conſeiller-Secrétaire du Bailliage.

CHAPITRE VI.

De la manière de ſe pourvoir contre les Jugemens.

LES Jugemens ſont de deux eſpeces ; les uns rendus en dernier reſſort ; les autres à la charge de l'appel. Il eſt des manières communes de ſe pourvoir contre les uns & les autres , & des manières ſpéciales de les attaquer. Nous diviſerons ce Chapitre en trois Sections.

Dans la premiere , nous expoſerons les manières dont il nous ſemble qu'on doit pouvoir ſe pourvoir contre l'une & l'autre eſpèce de Jugemens. Dans

O

la feconde, nous indiquerons la marche qu'il faut tenir pour attaquer les Jugemens fujets à l'appel. Dans la troifième, nous propoferons les voies qu'on peut prendre pour faire anéantir les Jugemens en dernier reffort.

SECTION PREMIERE.

Manière de fe pourvoir contre l'une & l'autre efpèce de Jugement.

SELON notre plan, il fera fans doute impoffible d'empêcher qu'un exploit ne parvienne à fa deftination, & lorfqu'une partie aura été condamnée par défaut, ce fera prefque toujours un effet de fa négligence ; ainfi il fembleroit qu'on ne devroit lui permettre d'attaquer le Jugement rendu par défaut contre elle, que de la même manière que s'il l'eût été contradictoirement. Néanmoins comme mille circonftances qu'il eft impoffible de prévoir, peuvent empêcher une partie de comparoître au jour indiqué, on peut lui conferver la voie de l'oppofition qui a lieu actuellement.

Cette même voie doit à plus forte raifon être ouverte à celui qui fe trouve léfé par un Jugement rendu dans une caufe en laquelle il n'a point été partie.

Quand un Jugement ne préfente point un fens clair, il eft naturel d'en demander l'interprétation à ceux qui l'ont rendu, parce que perfonne ne peut mieux favoir qu'eux-mêmes ce qu'ils ont voulu dire, & comme cette raifon s'applique également aux Jugemens rendus en premiere inftance, & à ceux qui le font en dernier reffort, nous penfons devoir propofer d'accorder la faculté de fe pourvoir également contre les uns & les autres, par la voie de la demande en interprétation.

Ainfi, felon nou, il y aura deux manières communes de fe pourvoir contre l'une & l'autre efpèce de Jugement, favoir, l'oppofition & la demande en interprétation.

§. Ier.

De l'Oppofition.

A R T. Ier.

Lorfqu'il fera intervenu contre une partie un Jugement par défaut, (Sentence ou Arrêt,) qu'elle ait la faculté d'y former oppofition & de fe pourvoir devant les Juges qui l'ont rendu, pour le faire réformer, pourvu que la caufe n'ait point été mife au rôle contradictoirement ; auquel cas la partie qui fe fera laiffé condamner contradictoirement ne pourra fe pourvoir que par appel fi le Jugement y eft fujet, ou par requête civile, s'il eft en dernier reffort (dans le cas où l'on croira devoir laiffer fubfifter la voie de la requête civile.)

A R T. I I.

Qu'à peine de nullité cette oppofition foit faite

dans la huitaine, à compter du jour de la signification du Jugement, faite en la manière indiquée au titre des *Ajournemens*.

A R T. I I I.

Que cette opposition soit faite par un acte contenant ajournement à la partie ou aux parties, au profit de qui le Jugement aura été rendu, devant le Tribunal dont il est émané, dans les délais indiqués au Chapitre des Ajournemens, & qu'au surplus soit observé ce qui est prescrit dans ledit Chapitre.

A R T. I V.

Que nul ne puisse être reçu opposant à un Jugement rendu par défaut contre lui, s'il n'a préalablement remboursé à l'autre partie tous les frais faits légitimement avant ladite opposition, & que pour pouvoir faire inscrire la cause il soit tenu de représenter la quittance des frais de contumace à l'Huissier, lequel en fera mention, ou de les déposer entre ses mains, pour être remis à l'autre partie.

A R T. V.

Que tout opposant qui succombera dans son opposition soit condamné aux dépens, & en outre en 50 liv. d'amende dans les Bailliages, & en 100 liv. dans les Cours, applicable, moitié à la partie, & l'autre moitié à la caisse générale des secours & aumônes.

A r t. V I.

Qu'un opposant qui aura laissé rendre contre lui par défaut un Jugement qui le déboute de son opposition, ne puisse former opposition à ce dernier Jugement.

A r t. VII.

Que toute personne qui se prétendra lésée par un Jugement rendu dans une cause où elle n'aura pas été partie, ou duement appellée, puisse y former opposition, après avoir préalablement consigné une amende de cent livres dans les Bailliages, & de deux cens livres dans les Cours, applicable comme ci dessus, dans le cas où elle succomberoit dans son opposition.

A r t. VIII.

Que cette opposition soit formée par un acte contenant ajournement devant le Tribunal dont le Jugement sera émané, & que dans cet acte, auquel sera jointe copie de la quittance d'amende, soit observé tout ce qui est indiqué dans le Chapitre des Ajournemens; que la cause ne puisse être inscrite, (à la requête des opposans,) qu'en représentant la quittance d'amende.

A r t. I X.

Si dans le cours de l'instruction d'une cause ou

procès l'on oppose à l'une des parties un Jugement rendu dans une cause où elle n'aura point
été partie, qu'elle puisse y former opposition devant le Tribunal où elle se trouvera actuellement
en instance; que cette opposition puisse être formée par un simple acte signifié à l'autre partie;
qu'à cet acte soit jointe copie de la quittance d'a-
mende consignée par l'opposant, ainsi qu'il est prescrit par l'acte précédent.

§. I I.

De l'Interprétation.

A r t. Ier.

Lorsqu'une partie prétendra qu'un Jugement n'est
pas clair, qu'elle puisse se pourvoir en interprétation devant le Tribunal qui l'aura rendu. A cet
effet, qu'après avoir consigné une amende de 50
liv. s'il s'agit d'une Sentence, & de 100 liv. s'il
s'agit d'un Arrêt; elle présente au Tribunal une
requête contenant seulement ses conclusions à laquelle elle joindra copie, 1o. de la quittance d'a-
mende 2o. des conclusions prises avant le Jugement dont il s'agira, tant par elle que par ses
parties adverses; que le tout soit remis au Conseil er-Secrétaire, & par lui remis au Conseiller
qui aura été nommé Rapporteur, lequel fera son
rapport publiquement à l'audience, au plus tard
dans les trois jours.

A R T. II.

Si la requête est rejettée, que le demandeur soit condamné en l'amende, laquelle sera appliquée à la caisse des secours ; sauf à lui à se pourvoir, s'il y a lieu, par appel contre le Jugement qui aura rejetté sa demande, auquel cas l'appel sera dirigé contre le Tribunal même qui aura rendu le Jugement.

A R T. III.

Si la requête est admise, que le demandeur assigne les parties qui y seront dénommées, dans les délais prescrits par le Chapitre des Ajournemens. Qu'en tête de l'exploit il donne copie 1o. de la requête en interprétation. 2o. des conclusions prises tant par lui que par les autres parties, avant le premier Jugement. 3o. du Jugement de *soit assigné*.

A R T. IV.

Si en définitif la demande en interprétation est rejettée, que le demandeur soit condamné en 50 liv. ou 100 liv. d'amende envers l'autre partie, & en pareille amende envers la caisse des secours, selon la distinction faite ci-dessus.

A R T. V.

Dans le cas au contraire où les Juges interpréteroient leur Jugement, que les frais & dépens de cette cause soient supportés par la partie qui aura soutenu qu'il n'étoit besoin d'interprétation, & si cette partie s'en est rapportée purement & simplement à la prudence du Tribunal, que ce soit ce Tribunal seul qui supporte entièrement les frais légitimement faits sur la demande en interprétation par l'une ou l'autre partie, pourvu toutefois que le Tribunal se trouve composé des mêmes individus qui ont rendu le premier Jugement, & que la demande en interprétation ait été formée dans l'année.

Le fait du Juge, dit-on, est le fait de la Partie, *factum Judicis, factum partis.* Cette maxime révoltante ne peut avoir été inventée que par le Despotisme. Les Tribunaux ne sont établis que pour terminer les contestations des parties & non pas pour en faire naître de nouvelles. Quand par un mauvais Jugement ils donnent lieu à de nouveaux différends, ils doivent porter la peine de leur impéritie.

SECTION SECONDE.

Marche qu'on propose de tenir pour attaquer les Jugements sujets à l'appel.

L'erreur, ainsi que nous, & bien d'autres avant nous, l'avons déjà dit, est le triste apanage de l'humanité. Ainsi tout Jugement émané des hommes peut être erroné, & par conséquent peut donner lieu à de justes réclamations. Mais comme enfin il faut un terme à tout, & sur-tout aux contestations qui divisent les Citoyens, il est nécessaire

qu'il y ait dés Jugemens dont il ne foit plus permis d'appeller; d'un autre côté il n'y a aucun inconvénient, & il eft même falutaire que le premier
Jugement ne foit pas le dernier, du moins lorfque
l'objet de la contéftation eft important. Auffi je
crois que tout le monde penfera comme moi qu'il
eft à propos d'établir au moins deux dégrés de
jurifdictions.

La maniere fpéciale de fe pourvoir contre les
Jugemens des Jurifdictions du premier dégré va
faire l'objet de cette Section.

Le même motif qui porte à limiter le nombre
des dégrés de Jurifdictions doit également déterminer à fixer un délai dans lequel il foit permis
d'appeller d'un Jugement.

L'Ordonnance de 1667 accorde dix ans aux
particuliers, & vingt ans à l'Eglife, aux Hôpitaux,
Collèges & Maladreries pour interjetter appel; mais
les Tribunaux en accordent trente.

Cette Ordonnance donne la faculté de reftrendre
à 3 ou 6 ans ce délai de 10 ou 12 ans, en faifant
fommer fon adverfaire, 3 ou 6 années après la fignification du Jugement, d'en interjetter appel.

On fe plaint avec raifon de la trop grande étendue de ces délais; mais ne feroit-il pas funefte de
les reftreindre autant que le defirent quelques perfonnes ? Nous propoferons des moyens qui conci-
lieront peut-être les opinions des partifans de l'ancien fyftême, & de ceux du nouveau.

A R T. Ier.

Que celui qui aura déclaré formellement qu'il

acquiefçoit à un Jugement ou fes ayans caufe , ne puiffent interjetter appel de ce Jugement ; mais que nul acquiefcement tacite, quelque évident qu'il paroiffe , ne puiffe faire obftacle à l'appel , fauf en ce cas à l'autre partie à fommer fon adverfaire de déclarer par oui ou par non s'il acquiefce à ce Jugement ; qu'alors toute réponfe qui ne contiendra pas refus abfolu d'acquiefcer , foit prife pour acquiefcement formel.

Rien fouvent de plus injufte que ces fins de non - recevoir qu'on tire des prétendus acquiefcemens tacites. Un malheureux plaideur qui vient de perdre un procès fur le gain duquel il comptoit & avoit droit de compter , eft fi troublé de ce fâcheux événement, que lorfqu'on vient lui fignifier le Jugement , & le fommer de l'exécuter, il fe hâte de payer les dépens pour prévenir les faifies , fans fonger à faire des réferves contre un jugement inique , qui acquiert par-là force de chofe jugée.

A r t. I I.

Que l'appel ne foit recevable que dans les cinq années , à compter du jour où le Jugement aura été fignifié en la manière indiquée au Chapitre des Ajournemens ; en conféquence pour faire courir ledit délai relativement aux Jugemens rendus , & même fignifiés avant la publication de l'Ordonnance de réforme , que ces Jugemens foient fignifiés de nouveau en ladite manière , à moins que par quelque dire , obfervation , acte ou lettre fignés de la partie, il ne foit prouvé qu'elle a reçu la première fignification qui lui a été faite.

Art. III.

Que celui qui voudra interjetter appel d'une sentence, présente au Tribunal Supérieur une requête tendant à être reçu appellant. Que cette requête contienne sommairement les faits, les moyens & les conclusions de l'appellant; qu'elle soit signée par deux Avocats inscrits sur le tableau de ce Tribunal Supérieur & accompagnée d'une courte consultation également signée d'eux, dans laquelle ils établissent qu'il y a lieu de recevoir l'appel; qu'à cette requête soient annexée, la quittance d'une amende de 75 livres que l'appellant aura préalablement consignée, la copie signifiée de la sentence dont est appel & autres pièces qu'il plaira à l'Appellant produire. Que la requête & les pièces qui y seront jointes soient lues par l'Appellant ou son défenseur à une Audience destinée à cet effet, ou plutôt qu'elles soient données au Conseiller Secrétaire qui en fera mention sur un Registre de distribution & ensuite les remettra à celui que la Cour aura nommé Rapporteur, lequel fera son rapport dans trois jours à l'Audience en présence de la partie ou de son défenseur; qu'après le rapport la requête d'appel & l'avis du Rapporteur soient remis au Greffier pour être conservés dans le dépôt des Jugemens.

Art. IV.

Si l'appel est rejetté, que l'appellant soit condamné en l'amende envers la caisse des Secours ou aumônes ; que l'Arrêt contienne les motifs sur lesquels il est fondé & le nom des deux Avocats qui auront signé la Requête et Consultation.

Toute requête en cassation doit être signée de deux des trente plus anciens Avocats au Conseil. Par là le législateur a voulu empêcher qu'on ne présentât aucune requête qui ne méritât d'être admise. Cependant il est constant qu'il n'est presque point de plaideur qui ne parvienne à faire signer par deux anciens Avocats sa requête en cassation, quelque dénuée de fondement qu'elle puisse être. On croit pouvoir remédier à cet abus en fesant lire publiquement à l'audience la requête d'appel & la consultation des deux Avocats qui l'auront signée. On pourroit même placer dans la salle d'Audience un tableau où l'on inscriroit les noms des Avocats qui auroient signé ces consultations & où l'on marqueroit si la requête a été admise ou rejettée.

A R T. V.

Si l'appel est admis, que l'arrêt énonce les motifs de cette admission & permette à l'Appellant de faire intimer (on assigner) dans le délai de quinzaine les personnes nommément désignées dans la requête d'appel si elles demeurent dans la Province où est établie la Cour Souveraine, & si elles n'y demeurent pas, qu'il soit ajouté un jour par dix lieues.

A R T. V I.

Que copie de la quittance d'amende , de la Requête d'appel & de l'Arrêt qui l'aura admis soit donnée à l'intimé en tête de l'exploit d'ajournement.

A R T. V I I.

Si la fentence dont eft appel a été rendüe fur
productions refpectivement faites en vertu d'une
fentence d'appointement, qu'auffitôt après l'échéance des délais de l'affignation , l'appellant remette
au Confeiller-Secrétaire de la Cour, toutes les pièces
produites en première inftance, la fentence dont
eft appel, la quittance de l'amende par lui confignée, fa requête d'appel, la confultation des
deux Avocats qui l'ont fignée, l'Arrêt qui a admis
ledit appel, fans pouvoir y joindre aucun Mémoire
ou autre pièce d'écritute,

A R T. V I I I.

Que dans quinzaine à compter de l'expiration
du délai de l'affignation, l'intimé mette également
au Greffe les productions faites par lui devant
les premiers Juges, avec un mémoire ou pièce
d'écriture fervant de réponfe à la requête d'appel,
dont il donnera copie à l'appellant; finon, que celui-
ci puiffe faire infcrire l'inftance pour être diftribuée
& jugée fur ce qui fe trouvera produit.

A R T. I X.

Qne dans quinzaine à compter de la fignification de ladite réponfe à la requête d'appel, l'Appellant puiffe y fournir de réplique, & que, ledit
délai expiré, la plus diligente puiffe faire infcrire
la caufe pour être diftribuée & jugée.

A R T. X.

Si l'appel eſt interjetté de ſentence rendue ſur plaidoyerie ou après un délibéré, qu'auſſitôt après l'expiration du délai de l'aſſignation la partie la plus diligente puiſſe faire inſcrire la cauſe pour être appellée dans trois jours à l'Audience des inſtructions, afin d'être placée ſur le rôle convenable.

A R T. X I.

Si la ſentence eſt confirmée, que l'Appellant ſoit condamné en 150 liv. d'amende envers l'intimé & en pareille amende envers la caiſſe des ſecours ou aumônes, ſur tout ſi dans ſa requête d'appel il a déguiſé ou altéré les faits; ſi au contraire la ſentence eſt infirmée, que l'amende conſignée par l'Appellant lui ſoit rendue, mais que l'intimé ſt ſoit condamné aux dépens qu'autant que l'appel aura été interjetté & admis dans l'année, à compter du jour où la ſentence aura été ſignifiée audit intimé ou à ceux qu'il repréſente.

A R T. X I I.

Que celle des parties qui croira avoir lieu de ſe plaindre d'une ſentence, puiſſe en ſuſpendre l'exécution en ſignifiant ou feſant ſignifier à l'autre un acte d'appel; mais que cet acte n'ait d'effet qu'autant qu'il aura été ſignifié au plus tard dans la huitaine du jour où l'aura été la ſentence; que

d'ailleurs cette fufpenfion ne dure que quinze jours
& ne puiffe être renouvellée que par l'ajournement
donné en vertu de l'Arrêt qui aura admis l'appel ;
mais que dans tous les cas la fentence dont fera
appel foit exécutée par provifion jufqu'à concurrence de la fomme de 1200 liv. en donnant bonne
& fuffifante caution, après feulement que l'Arrêt
de *foit intime* aura été fignifié.

A R T. X I I I.

Néanmoins que tout acte d'appel, pourvu que
dans le délai de quinzaine il foit fuivi de la
fignification de l'arrêt de *foit intimé*, fufpende
toute exécution de fentence qui feroit irréparable
en définitif, telle, par exemple, que la démolition
d'une maifon.

A R T. X I V.

Que les délais pour interjetter appel ne courent
point contre les Mineurs, ni contre les abfens pour
la chofe publique.

A R T. X V.

Qu'aucun appel admis plus d'un an après que
la fentence aura été rendue, ne fufpende l'exécution
de cette fentence ; fauf à la partie qui defirera
cette fufpenfion à la faire ordonner contradictoirement avec fon adverfaire.

ART. XVI.

Qu'il ne puisse être interjetté appel d'une Sentence qui aura ordonné un délibéré & lorsqu'il aura été interjetté appel d'une sentence qui ordonne l'appointement, si la Cour Supérieure confirme la sentence, qu'elle renvoye les parties devant le premier Tribunal pour y procéder sur le fond ; si au contraire elle infirme la sentence, qu'elle prononce sur le champ, à l'Audience, sur le fond de la contestation, sans pouvoir appointer, ni même ordonner un délibéré.

ART. XVII.

Qu'au surplus soit observé tout ce qui est indiqué par les 1e, 2e, 3e. 4e & 5e chapitres, à l'exception des invitations & sommations qui seront faites par les Officiers des Commissions intermédiaires Provinciales & des dénonciations qui seront faites à S. M. même, ou aux Assemblées Provinciales, ou même à l'Assemblée Nationale.

SECT. TROIS.

SECTION TROISIEME.

Manières spéciales de se pourvoir contre les Jugemens rendus en dernier ressort.

En matière civile on reconnoit actuellement, en France, trois manières spéciales de se pourvoir contre les Jugemens en dernier ressort, savoir, la requête civile, la demande en contrariété d'Arrêts, enfin la demande en cassation, elles feront l'objet de trois paragraphes.

§. Ier.

De la Requête Civile.

Sur vingt demandes en enthérinement de lettres de Requête Civile, à peine en est-il une qui réussisse. Quand on supprimeroit entièrement cette voie de se pourvoir, on peut dire que les plaideurs n'y perdroient qu'une occasion de se fatiguer réciproquement & d'épuiser leur bourse; & les Juges & le public, l'avantage de s'ennuyer complètement pendant quelques heures : car quiconque à un peu fréquenté le barreau, sait que pour se guérir radicalement de l'insomnie il ne faut qu'entendre plaider une requête civile, fut-ce même par M. De B.

P

Néanmoins fi l'on penfe devóir la conferver, voici le plan que j'ofe propofer. Il s'en faut bien qu'il foit entièrement nouveau.

ART. PREMIER.

*Qu'il n'y ait lieu à fe pourvoir par Requête civile que dans onze cas, favoir 1°. s'il y a eu dol perfonnel lors du jugement; 2°. fi la procédure ordonnée par le Légiflateur, n'a point été fuivie, 3°. s'il a été prononcé fur chofes non demandées ou non conteftées; 4°. s'il a été plus adjugé qu'il n'a été demandé; 5°. s'il a été omis de prononcer fur l'un des chefs de demande; 6°. s'il y a contrariété d'arrêt ou jugement en dernier reffort entre les mêmes parties fur les mêmes moyens & en mêmes Cours ou jurifdictions, ou *en diverfes Chambres des mêmes Cours et Jurifdictions* ** ; 7°. fi dans un même Arrêt il y a des difpofitions contraires ; 8°. fi dans ce qui concerne le Roi, l'Eglife, le Public, la Police *ou les Mineurs*, il n'y a point eu de communication aux Avocats ou Procureurs Généraux; 6°. fi on a jugé fur des pièces fauffes ou fur des offres ou confentemens qui aient été défavoués & dont le défaveu ait été jugé valable ; 10°. s'il y a des pièces décifives, nouvellement recouvrées (pourvu qu'il foit bien prouvé qu'elles n'ont été recouvrées que depuis le premier juge-

---

* Ordonnance de 1667, tit. 35, art. 34.

** Il eft inconcevable qu'on prétende & *qu'on juge* que les diverfes Chambres d'une même Cour font autant de Cours différentes.

ment) *soit qu'elles aient été retenues par le fait de la partie adverse ou d'autres personnes ;* 11°. fi le jugement a été rendu par défaut à tour de rôle *.

ART. II.

Que celui qui prétendra avoir en fa faveur quelqu'une des ouvertures de requête civile ci-deſſus indiquées, après avoir conſigné une amende de trois cens livres applicable à la caiſſe générale des ſecours ou aumônes, préſente dans les ſix mois à compter du jour où l'Arrêt ou jugement en dernier reſſort lui aura été ſignifié, une requête ſuccincte contenant les faits, ſes moyens & ſes conclusions ; que cette requête ſoit ſignée de deux Avocats inſcrits fur le tableau depuis cinq ans & terminée par une conſultation également ſignée d'eux ; qu'à la requête ſoit jointe la copie ſignifiée du jugement contre lequel on ſe pourvoit & la copie de la quittance d'amende. Que le tout ſoit remis au Conſeiller-Secrétaire & qu'au ſurplus ſoit obſervé ce qui eſt indiqué relativement à la requête d'appel.

ART. III.

A l'égard des mineurs que le délai ne courre que du jour de la ſignification qui leur aura été faite du jugement depuis leur majorité **.

---

* Ord. de 1667, tit. 35, art. 3.
** *Ibid.* art. 4.

A R T. IV.

* Que le délai foit d'un an pour l'Eglife, les Communautés & les abfens pour la caufe publique.

A R T. V.

** Lorfque les moyens de requête civile feront tirés *du dol perfonnel*, ou de ce qu'il a été jugé fur pièces fauffes, ou de ce que des pièces ont été nouvellement recouvrées, que le délai de fix mois ou un an ne courre que du jour que *le dol aura été découvert*, ou que la fauffeté des pièces aura été reconnue, ou enfin que les pièces auront été, recouvrées pourvu qu'il y ait preuve par écrit du jour & non autrement.

A R T. VI.

Si les Arrêts ou jugemens en dernier reffort ont été donnés contre, ou au préjudice de perfonnes qui feront décédées dans les fix mois du jour de la fignification à eux faite, que leurs héritiers fuc-cefleurs ou ayans caufe aient encore le même délai de fix mois *à compter du jour du décès*; s'ils font majeurs, finon que le délai ne coure que du jour de leur majorité.

L'Ordonnance de 1667 exige qu'il foit fait une nouvelle fi-gnification du jugement à ces héritiers, fuccefleurs ou ayans

---

* Ordonn. de 1667, tit. 35, art. 7.
** *Ibid.* art. 22.

caufe ; mais c'eft à eux à en faire la recherche dans les papiers
du défunt. D'ailleurs celui au profit de qui a été rendu le jugement, ne peut pas toujours connoître les héritiers, fucceffeurs,
ou ayans caufe de fon adverfaire.

A r t. V I I.

Si la requête eft rejettée, que le demandeur foit
condamné en l'amende ; fi au contraire elle eft
admife, qu'il lui foit permis d'affigner dans le délai
de quinzaine, les parties nommément défignées
dans la requête, fi elles demeurent dans la Province, finon qu'il foit ajouté un jour par dix
lieues.

A r t. V I I I.

Si le demandeur découvre quelques nouveaux
moyens de requête civile, qu'il les propofe par une
requête d'ampliation, pourvu toutesfois que ce foit
avant d'avoir obtenu l'arrêt de *foit affigné.*

A r t. I X.

Qu'en tête de l'exploit d'affignation foit donnée
copie de la quittance d'amende, de la requête
civile, de l'arrêt contre lequel on fe pourvoit, &
celui de *foit affigné.*

A r t. X.

Que lors de la plaidoyerie de la caufe il ne
puiffe être propofé d'autres moyens que ceux qui

auront été énoncés dans la requête civile ou dans
la requête d'ampliation & qu'il soit expreffément
défendu d'entrer dans la difcuffion du fond.

C'eft ce que prefcrit l'Ordonnance de 1667, & ce qu'on fe
garde bien d'obferver.

A R T. X I.

Que le demandeur en requête civile qui fuccombera contradictoirement foit condamné aux
dépens & en fix cens livres d'amende, favoir,
moitié envers fa partie adverfe & l'autre moitié
envers la caiffe des fecours ou aumônes.

A R T. X I I.

Si la requête eft définitivement admife, que
les parties foient remifes au même & femblable
état qu'elles étoient avant l'arrêt ou jugement en
dernier reffort ; que l'amende foit rendue ; que
le défendeur foit condamné feulement aux dépens
faits depuis la première admiffion & que dès le
jour même du Jugement, celle des parties qui le
defirera puiffe faire mettre au rôle la caufe fur
le fond.

A R T. X I I I.

Que du moment de la fignification de l'arrêt
ou jugement de *foit affigné*, l'exécution du jugement attaqué par la voie de la requête civile foit
fufpendue.

A R T. XI V.

Que toute requête civile, tant principale qu'in-
cidente, foit plaidée devant le Tribunal qui aura
rendu le jugement attaqué par cette voie ou
devant le Tribunal qui aura fuccédé au premier.

A R T. X V.

Que celui qui fuccombera fur le fond, foit
condamné en tous les dépens faits depuis la
demande originaire, à l'exception néanmoins de
ceux faits pour obtenir le jugement qui a permis
d'affigner fur la requête civile.

Ces derniers frais doivent être regardés comme une peine
légere de la négligence du demandeur en requête civile, ou fi
l'on veut comme un léger facrifice qu'il a fait pour obtenir une
efpece de grace.

A R T. XVI.

Que celui au rapport duquel fera intervenu
l'arrêt ou jugement en dernier reffort, contre
lequel la requête civile eft préfentée ne puiffe
être Rapporteur du procès fur le refcindant, ni
fur le refcifoire.

A R T. XVII.

Que celui qui aura été débouté de fa requête
civile ne foit plus recevable à fe pourvoir par

autre requête civile, foit contre le premier arrêt ou jugement en dernier reffort, ou contre celui qui l'auroit débouté ; quand même la requête civile auroit été définitivement admife fut le refcindant, s'il a fuccombé au refcifoire, c'eft à dire fur le fond.

§. I I.

De la demande en contrariété d'Arrêts rendus dans diverfes Cours.

.Les conteftations auxquelles cette forte de demande donne lieu font fort rares. il ne paroît pas jufte d'en confier la connoiffance à l'un des Tribunaux dont eft émané l'un des arrêts, parceque l'autre auroit lieu de fe plaindre de cette préférence ; il vaut mieux attribuer la connoiffance de cette efpèce de caufe à un Tribunal neutre. C'eft pour cela que nous avons propofé de la renvoyer à l'un des trois ou quatre Tribunaux dont nous avons parlé à la fin du chapitre préliminaire de cet ouvrage. Ce que nous avons à préfenter fur cet objet, fe réduit à fort peu de chofe.

ARTICLE PREMIER.

Que celui qui voudra fe pourvoir en contrariété d'arrêts configne une amende de trois cens livres & préfente au Tribunal auquel fera attribuée la connoiffance de cette forte d'affaire, une requête contenant fommairement les faits & les moyens, que cette requête foit fignée de deux Avocats exerçans leur profeffion depuis cinq ans ; qu'à eette requête foit annexée copie de la quittance d'amende & des arrêts qu'on prétendra être contraires les uns aux autres & que le tout foit remis au Confeiller Secrétaire, ainfi qu'il eft prefcrit pour la requête d'appel.

A r t. II.

Si la requête eft rejettée, que le demandeur foit condamné en l'amende, envers la caiffe des fecours ou aumônes; fi elle eft admife, qu'il lui foit permis de faire affigner dans le délai indiqué dans la fection précédente les perfonnes dénommées dans fa requête & qu'en tête de l'exploit foit donnée copie de la quittance d'amende, des Arrêts contraires, de la requête en contrariété & de l'arrêt de *foit affigné*

A r t. III.

Si en définitif la contrariété fe trouve bien démontrée, que les Juges ordonnent l'exécution du premier Arrêt, annullent le fecond & condamnent le défendeur aux dépens, fi au contraire il ne fe trouve point de contrariété, que les Juges ordonnent l'exécution des deux Arrêts & condamnent le demandeur aux dépens, & en outre à fix cens livres d'amende, applicable moitié à la partie adverfe & l'autre moitié à la caiffe des fecours ou aumônes.

§. I I I.

De la Caſſation.

La caſſation eſt une voye extrême à laquelle on ne doit avoir recours que quand toutes les autres ſont épuiſées.

Les abus auxquels donne lieu cette manière de ſe pourvoir contre les jugemens en dernier reſſort, portent bien des perſonnes à en demander la ſuppreſſion. On peut dire néanmoins qu'elle ſert beaucop à contenir les Juges dans leurs devoirs. Il eſt vrai qu'en déchirant totalement le voile qui dérobe preſque entièrement aux regards les opérations de la Juſtice & en portant, pour ainſi dire, le flambeau juſques dans la penſée des Juges, il ſera bien difficile qu'ils ſe jouent du ſort des malheureux plaideurs. Je dis qu'ils *ſe jouent*, car ce n'eſt pas une erreur naturelle à tous les hommes, une erreur par conſéquent excuſable qu'a voulu réformer le Légiſlateur en établiſſant la voie de la caſſation.

C'eſt le mépris des Ordonnances, c'eſt une injuſ-tice évidente par elle-même qu'il a prétendu réprimer; car un ſimple mal jugé, quelque bien démontré qu'il ſoit, ne ſuffit point pour faire caſſer un arrêt. Ainſi je crois pouvoir aſſurer que ſi l'on adopte les plans que j'ai propoſés, il n'y aura preſque jamais lieu de ſe pourvoir en caſſa-tion. Au reſte, ſi l'on penſe que cette voie eſt encore néceſſaire, on peut obſerver ce que nous avons indiqué relativement à l'appel, en doublant, ſi l'on veut, l'amende.

On ſe rappelle que j'ai propoſé de faire faire à l'audience le rapport des Requêtes d'appel. Je crois également eſſentiel que celui des requêtes en caſſation ſoit fait publiquement. Les Magiſtrats des Conſeil de Sa Majeſté ſont hommes auſſi bien que le dernier Conſeiller du plus petit Bailliage & l'Etre Suprême ne s'eſt nullement engagé à favoriſer ſpécialement un Maître des requêtes & à répandre ſur lui un eſprit de lumière & de ſageſſe dès qu'il auroit reçu ſes proviſions. C'eſt le travail & non l'argent ou la faveur du Prince qui donne la ſcience. C'eſt une vérite qui ſeroit démontrée d'une manière bien convaincante, ſi raſſemblant tous les Juges de la France, à commencer, depuis le premier des Magiſtrats juſqu'au dernier Bailli de village, ou feſoit l'épreuve de leur capacité, & ſi l'on plaçoit enſuite chacun ſelon ſon mérite. Quelle étrange révolution s'opéreroit! Que de hauts & dédaigneux magiſtrats, amateurs de la campagne, iroient pour longtems y fixer leur ſéjour.

CHAPITRE SEPTIEME.

Des Dépens & Dommages-Intéréts.

PERTE de tems, inquiétudes, fatigues, dépenfes extraordinaires, tels font & feront toujours les acceffoires d'un procès, quelles précautions que puiffe employer le Légiflateur. Le feul parti que l'on doive prendre à cet égard, c'eft d'alléger, autant qu'il fe peut, un fardeau inévitable & de dédommager de fa peine celui qui s'eft vû forcé de le foutenir.

Nous avons indiqué les moyens d'alléger le fardeau, il ne s'agit plus que de propofer un plan d'indemnité pour le Citoyen dont le repos a été troublé injuftement.

ARTICLE PREMIER.

Que toute partie qui fuccombera foit condamnée envers l'autre ou les autres aux dépens & que ces dépens. tant en caufe principale que d'appel, n'excèdent jamais le tiers du principal, fauf néanmoins le cas de malignité manifefte de la partie qui aura fuccombé.

ART. II.

Lorfque les prétentions (demandes ou défenfes)

de la partie qui fuccombera feront évidemment
injuftes, qu'elle foit condamnée en des dommages intérêts envers l'autre partie, outre les
dépens.

Art. III.

Qu'une prétention foit cenfée évidemment
injufte, lorfque tous les Juges préfens auront été
d'avis de la rejetter.

Art. IV.

Que les Juges règlent eux mêmes les dépens
& les dommages-intérêts réfultans de l'injuftice
évidente de la demande ou défenfe, par le même
jugement qu'ils rendront fur le fond.

Il eft impoffible de préfenter un état de ces dommages-intérêts qui peuvent & doivent varier felon les circonftances. Ne
pourroit-on pas en général les fixer à une fomme de trois ou fix l.
par jour, à compter de celui où eft expiré le délai de l'affignation jufqu'au jour du jugement définitif? Quant aux dépens on
peut les affujettir à des regles fixes. Voici le tarif que nous ofons
préfenter.

TARIF.

DE DÉPENS.

Pour le Confeil, foit pour former une
demande, foit pour y défendre.   3 liv.

Pour avoir une confultation, il en coûte ordinairement bien
plus aux parties.

Pour dreſſer l'exploit d'ajournement.   1 liv.

Pour la ſignification, lorſque l'Huiſſiers demeurera dans la même Ville que
l'Aſſigné.   1

Lorſque l'Aſſigné demeurera ailleurs,
qu'il ſoit alloué à l'Huiſſier une livre
par lieue, tant pour aller, que pour
revenir, mais que jamais il ne ſoit paſſé
en taxes, plus que ſi l'on eut pris un
Huiſſier du Tribunal le plus voiſin de
l'Aſſigné. (Ord. de 1490 , Art. 84)   1

Si le demandeur ne demeure pas dans
la même Ville que l'Huiſſier, qu'il lui
ſoit alloué pour ports de lettres 1 liv.
s'il demeure dans la même Province,
& 2 liv. s'il demeure dans une autre.

Pour le voyage, pour faire inſcrire
la cauſe, lorſque la partie ne demeurera
point dans le lieu où le Tribunal eſt
établi 10 ſ. par lieue, de manière que
le tout n'excède pas 12 liv., lorſqu'il
ſera alloué au demandeur.

Pour l'inſcription de la cauſe & l'extrait
de ladite inſcription.   10 ſ.

Pour le ſéjour afin de ſe conſulter ou
conférer avec ſa partie adverſe, & faire
mettre lacauſe au rôle, 3 l. par jour.

Pour la plaidoierie, afin de faire mettre
la cauſe au rôle, ſoit que la partie ait
plaidé la cauſe elle-même, ou l'ait fait
plaider,   1

A l'Huiſſier tant pour l'inſcription ſur
le rôle que pour l'extrait d'inſcription.   10

Pour le retour après que la cauſe
aura été miſe au rôle 10 ſ. par lieue,

de forte que la fomme n'excède pas 12 liv.
fi elle eft allouée au demandeur.

Pour le voyage lorfque la caufe fera
près de venir, 10 f. par lieue comme
ci-deffus.

Pour le féjour afin de faire juger la
caufe 3 liv. par jour. Qu'il ne foit
alloué que huit jours lorfque la partie
ne prouvera point qu'elle a féjourné
& été obligée de féjourner plus longtems.

Lorfqu'une caufe aura été jugée fans
qu'il ait été ordonné de délibéré, que
tous les frais de voyage, féjours & retours
ne puiffent excéder 75 liv., lorfqu'ils
feront alloués au demandeur, & cent
livres, lorfqu'ils le feront au défendeur,
à quelque diftance que le demandeur
ou le défendeur demeurent du Tribunal.

Que les voyages & féjours foient
alloués, foit qu'ils aient été faits, ou
non, pourvu toutesfois que la partie ne
demeure pas dans là Ville où eft établi
le Tribunal.

Pour la première plaidoyerie du demandeur, foit qu'il ait plaidé lui-même ou
un autre, qu'il y ait trois fortes de taxe
favoir, à l'Audience des inftructions.
1 l. 10f. 3 l. 4 l. 10 f. à celle du
petit rôle. 3 6 12 l. à celle du
grand rôle 6 12 24 l.

Que les Juges en prononçant leur
jugement employent celles de ces taxes
qu'ils croiront convenables, non point
en égard au ftyle du plaidoyer, mais

à raifon du travail que la caufe en elle-
même aura exigé.

Pour la première plaidoyerie du défendeur, mêmes taxes que ci deffus.

Pour la réplique du demandeur moitié des taxes précédentes.

Pour les requêtes ou actes contenant
conclufions fur lefquelles il aura été
fait droit.   1

Pour chaque copie.   10 f,

Pour la fignification defdites requêtes
ou autres pièces, lorfqu'elle fera faite
au bureau des Huiffiers.   4

Et lorfqu'elle fera faite à un domicile
élu ailleurs.   10

Pour l'inventaire fommaire que chaque
partie fera tenue de faire de fes
pièces 3 fol. par pièces, tant pour l'original que la copie, * de manière néanmoins que le coût de cet inventaire ne
foit pas moindre de 10 f.

Pour la copie de chaque pièce fignifiée
10 f. par rôle, égal au rôle ou à deux
pages de Mémoire imprimé *In-quarto.*

Dans le cas où il y auroit en caufe
un fi grand nombre de parties que les
frais de copie furpaffaffent les frais d'impreffion, que les pièces foient imprimées
& qu'outre les frais d'impreffion il ne
foit alloué qu'une fimple copie manuf-
crite & le coût des fignifications.

---

* Cette copie eft deftinée à être remife au Confeiller-Secrétaire
dans le cas où l'on ordonneroit un délibéré.

Pour

Pour l'examen de chaque pièce
fignifiée 10 f. lorfque l'acte ne contiendra
qu'un rôle de minute, lorfqu'il en contiendra plus, 5 f. pour chaque rôle.

A l'Huiffier pour chaque appel de
caufe (fi les Huiffiers n'ont aucuns
appointemens) 5 f.

Pour chaque feuille de Mémoire
imprimé *in-*4°., contenant huit pages,
dans le cas où il pourra paffer en
taxe.

12 18 24 l.

Non compris les frais d'impreffion &
de fignification. Au Confeiller Secrétaire,
ou plutôt à fon Commis, pour copie
du difpofitif du Jugement définitif,
lorfqu'on la requerra.   1 l. 4 f.

Au même, pour l'expédition entière
du jugement 1 l. par rôle de minute,
de manière cependant que le coût de
l'expédition ne foit pas moindre de 1 l.
10 f. & n'excède pas 6 l.   1 l.

Lorfqu'une caufe aura été mife en délibéré fur
le regiftre, qu'il foit alloué une prolongation de
féjour, pendant trois jours.

Au Confeiller-Secrétaire, ou plutôt à fon Commis pour l'expédition d'un Jugement d'appointement, qu'il foit payé 1 l. 10 f. lorfqu'il n'aura
qu'un rôle de minute & 20 f. par rôle, lorfqu'il
en aura plufieurs.

Que pour la copie fignifiée foit allouée moitié
de la fommé indiquée ci-deffus, non compris le
coût de la fignification.

Q

Pour les Mémoires imprimés qui feront fignifiés après l'appointement, par chaque feuille d'impreffion *in-4°*. non compris les frais d'impreffion & le coût de la fignification.

18.   24   36 l.

Selon qu'il fera arbitré par les Juges en jugeant le fond.

Pour les écritures ou Mémoires manufcrits 3 l. par rôle de minute égal à deux pages d'impreffion *in-4°*., la copie non comprife.

Pour l'infcription fnr le regiftre de diftribution.   1 l.

Lorfqu'une caufe aura été appointée, qu'il foit alloué au demandeur qui ne demeurera point dans la Ville où eft établi le Tribunal.

1°. Quatre f. par lieue pour l'envoi au Greffe de fa production, de manière que le tout n'excède pas ; 2 l. , un voyage reglé comme ci-deffus, pour vérifier après l'échéance des délais , fi le défendeur a produit & deux jours de féjour pour prendre communication de fa production ; & fi le défendeur n'a point produit, un feul jour de féjour pour faire infcrire l'inftance fur le regiftre de diftribution 3°. fi le défendeur a produit , un voyage pour apporter la réponfe à la production & aux contredits du défendeur, & un jour de féjour pour faire infcrire l'inftance fur le regiftre de diftribution 4°. enfin un voyage & quatre jours de féjour pour affifter au rapport ; & lever le jugement.

Si c'eft le défendeur qui gagne fon procès , qu'il lui foit alloué 1°. un voyage & deux jours de féjour pour avoir apporté au Greffe fa production & pris communication de celle du demandeur ; 2°. deux f. par lieue pour avoir envoyé fa réponfe

ou les contredits à la production du demandeur.
3°. un voyage & un jour de séjour pour faire
inscrire l'instance sur le registre de distribution,
4°. enfin un voyage & quatre jours de séjour pour
assister au rapport & lever le jugement.

Qu'il ne soit payé aucun droit de Secrétaire, soit
des Gens du Roi ou du Rapporteur, ni de communication, ni de dépôt, ni de retrait de sacs,
ni de déclaration ou de taxe de dépens.

Qu'il soit taxé pour une requête d'appel 12, 18 ou 24. l. selon qu'il sera
arbitré par les Juges.

Pour la consultation des deux
Avocats.   12 l.

Pour la quittance d'amende.   10 f.

Pour la copie de la sentence d'appel
10 f. par rôle de minute comme pour
les pièces signifiées en première instance.

Voyage pour venir présenter la requête :
20 f. par lieue, tant pour aller que pour
revenir, c'est-à dire 10 f. pour aller
& 10 f. pour revenir, de manière que
le tout n'excède pas cinquante livres
& en outre, trois jours de séjour à raison
de 4 l. pour chaque jour.

Ensuite pour les plaidoyeries, Mémoires, écritures, copies, examens & fignifications de pièces, droits d'inscriptions
de causes ou instances, & autres droits,
le double de ce qui est taxé pour les
Bailliages, à la réserve des voyages
pour lesquels seront allouées les mêmes
sommes que celles qui ont été fixées ci-
dessus, & des séjours pour lesquels ne

Q 2

fera accordé que quatre livres par jour.

Que pour tous les voyages & féjours faits en caufe d'appel il ne puiffe être alloué plus que la fomme de deux cens livres, foit à l'appellant ou à l'Intimé, à quelque diftance qu'ils demeurent du Tribunal Supérieur.

Pour une requêre civile ou en contrariété d'arrêts ou en caffation 24, 36 ou 48 l. felon qu'il fera arbitré par les Juges.

Pour la Confultation des deux anciens Avocats.   12 l.

Enfuite mêmes droits qu'en caufe d'appel.

Ce tarif offre en général des taxes bien fupérieures à celles qui exiftent actuellement; mais n'eft-ce pas offenfer le bon fens que de vouloir que pour trois f., ou fi l'on veut douze l.; on paffe huit ou quinze jours à examiner toutes les pièces d'une caufe, & compofer un plaidoyer, qu'enfuite il faut prononcer pendant une heure dans un vaft auditoire? Quand les taxes font infuffifantes, il faut bien les excéder ou inventer des moyens pour les éluder. Alors l'avidité, authorifée en quelque forte par la néceffité, ne connoit plus de bornes & la parcimonie du Légiflateur caufe la ruine du malheureux plaideur, qu'il avoit voulu ménager. Voila ce que je prie, plufieurs Citoyens aveuglés peut-être par leur Patriotifme de bien péfer. Ils voudroient que la Juftice fut rendue gratuitement & fans frais. Mais la chofe eft-elle poffible?

On peut & l'on doit fans doute fupprimer les

épices, mais à ces épices il faut subftituer des appointemens honnêtes. On peut abolir les exactions des Sécretaires, les écritures inutiles, les vacations fuperflues, mais il faudra toujours des plaidoyers ou des Mémoires. Si c'eft la partie elle-même qui compofe ces plaidoyers ou Mémoires, elle ne tirera pas de fa poche de l'argent pour les payer ; mais au fond, ces plaidoyers ou mémoires ne lui conteront-ils rien ? Le tems qu'elle employera à compofer ces plaidoyers ou mémoires, elle l'eut peut-être confacré à des travaux qui euffent fervi à l'alimenter elle & fa famille. Ainfi ces plaidoyers ou mémoires lui couteront fort cher & peut-être plus que fi elle les eut fait compofer par un Avocat. Car (n'en déplaife aux Gens de Lettres, qui ont prefque toujours la modeftie de fe croire plus capables que tous les Avocats du monde de faire un bon plaidoyer ou mémoire) pour réuffir dans ce genre, comme dans tous les autres, il faut une étude particulière, une certaine triture &, à mérite égal, un mémoire fera rédigé bien plus promptement & pour me fervir d'un terme technique, d'une manière bien plus *probante* par un Avocat que par un Auteur. Que font ces grands & volumineux mémoires où d'ambitieux littérateurs raffemblent, pour ainfi dire, des quatre coins du monde tous les faits nés & à naître, entaffent toutes les maximes, opinions réflexions, adoptées & à adopter, enfin, parlent de tout, excepté de la caufe ? On pourroit fort bien comparer ces mémoires à cette multitude confufe de peuples divers que Xerxès forçoit, à grands coups de fouet, de traverfer rapidement le pont qu'il avoit fait conftruire fur l'Hellefpont & qui fut enfuite taillée en pièces par une poignée de Grecs bien difciplinés.

Au refte, quand tout homme, tant foit peu inftruit, feroit en état de rédiger un plaidoyer ou mémoire auffi bien & auffi facilement qu'un Avocat, en feroit-il de même de tous les plaideurs ? L'homme le plus ignorant ne peut-il pas avoir en tête un adverfaire , qui à la mauvaife foi réuniffe les talens les plus propres à la faire triompher ? Que fera le premier ? Seul & fans défenfe, ofera-t il lutter contre un ennemi armé, pour ainfi dire, de toutes pièces, & à moins qu'en lui, comme il arrive quelquefois, la préfomprion n'égale l'igno-rance, n'aura-t-il pas recours à quelque citoyen qu'il juge propre à lui affurer la victoire ? Ce défenfeur, je veux bien croire qu'il confacrera volontiers fon tems & fes foins au pauvre qui implorera fon fecours ; mais il ne fera fans doute point d'humeur à en faire le facrifice au Citoyen aifé qui les reclamera.

Eh bien! dira-t-on , ce Citoyen aifé payera fon Avocat. Soit ; mais ce Citoyen , parce qu'il eft dans l'aifance, eft-il jufte qu'un plaideur de mauvaife foi puiffe lui occafionner impunément des dépenfes ? Admettre le fyftême de ceux qui veulent que les procès foient jugés fans frais, ce feroit multiplier les procès à l'infini, & caufer la ruine de ceux qui les gagneroient. Les Commiffions du Confeil nous en offrent la preuve. Les procès s'y jugent fans dépens. Qu'en réfulte-t-il ? Qu'après avoir été privé longtems de fon repos & avoir fait des débourfés confidérables, celui qui gagne fon procès n'obtient fouvent d'autre avantage que celui de n'être plus obligé de dépenfer fon argent.

Il eſt vrai qu'il en eſt à peu près de même dans les autres Tribunaux ; mais c'eſt un abus dont on ſe plaint ; or pour réformer un abus , il n'eſt ſans doute pas raiſonnable de ſubſtituer à ce qui occaſionne ordinairement cet abus , ce qui le rendroit inévitable.

Il eſt des Citoyens dont le génie ſimplificateur élimine totalement les frais de Juſtice. Que chacun, diſent-ils, ſe préſente lui même à ſes Juges & lui expoſe ſuccinctement les faits & que ceux-ci , après avoir entendu les deux parties & tiré la vérité de leur bouche, prononcent leur Jugement.

Abſtraction faite du voyage quelquefois très-long qu'aſſez ſouvent l'une des parties feroit obligée de faire , & dont il feroit juſte de lui faire rembourſer les frais par celle qui ſuccomberoit, ce projet eſt excellent & pour le mettre à exécution il ne faudroit trouver qu'environ cent ou deux cens mille Citoyens tous diſpoſés à vaquer gratuitement du matin au ſoir à l'audition de tous ceux qui voudroient s'amuſer à plaider , jeu auquel, attendu la modicité du prix , beaucoup de perſonnes pourroient ſe livrer. Car voici à cet égard comment aſſez ſouvent les choſes ſe paſſent.

On a une conteſtation avec quelqu'un , & auſſi-tôt voila qu'on eſt diſpoſé à plaider ; enſuite , on dépenſe quelque argent pour conſultations ou autres objets , ou bien l'on ſonge qu'il faudra en débourſer , cela fait faire quelques réflexions qui amortiſſent un peu le deſir de plaider ; bientôt l'on finit par entrer en accommodement , & voila le procès éteint , pour ainſi dire , avant de naître. S'il n'y a point de condamnation de dépens à craindre , *qu'eſt-ce que je riſque ,* dira un Chicaneur déſœuvré ?

& auffi-tôt pour fe défennuyer, il troublera le repos de fes voifins.

J'ai dit que pour juger tous les procès qui s'éleveroient, s'il n'y avoit point de condamnations de dépens, & fi chacun étoit tenu de plaider fa caufe lui-même, il faudroit plus de cent mille Juges & je crois ne m'être pas trompé.

Ceux qui fe font trouvés chargés de défendre les intérêts de quelques Citoyens ont fans doute plus d'une fois éprouvé bien des difficultés à fe procurer, de la part de leurs cliens, tous les éclair-ciffemens dont-ils avoient befoin pour la défenfe de leur caufe. Si un Avocat ou Procureur a tant de peine à fe faire inftruire par celui qui eft intéreflé à ne lui rien cacher, il faut avouer qu'un Juge placé entre deux parties, dont l'une ne fera pas en état de fe faire entendre, & l'autre peut-être fera tous fes efforts pour empêcher qu'elle ne foit entendue, il faut avouer, dis-je, que ce Juge, quelle fagacité qu'on lui fuppofe, aura de la peine à découvrir la vérité & fera par conféquent forcé d'employer un tems confidérable à cette recherche. Ainfi pour l'expédition des procès il importe que ceux qui ne font pas en état de plaider leur caufe la faffent plaider par d'autres, & il eft de l'intérêt des Citoyens paifibles & honnêtes qu'il y ait des condamnations de dépens & que ces dépens foient fixés de manière que celui qui gagnera fon procès recouvre ce qu'il n'a pu éviter de dépenfer direc-tement ou indirectement pour fa défenfe.

APPENDICE

Du Traité de la Procédure Civile.

Nous avons indiqué les règles générales ou premieres de la procédure ; dans cet appendice nous propoferons des regles fecondaires dont l'ufage fera moins fréquent.

Ce nouveau Traité fera partagé en quatre Chapitres.

Le premier aura pour objet les exceptions déclinatoires, qui tendent à faire renvoyer la demande devant d'autres Juges que ceux devant lefquels elle a été portée ; le fecond, les exceptions dilatoires, qui ont pour but, non pas d'éteindre l'aâion ou demande, mais feulement de la repouffer ou fufpendre pour un tems ; dans le troifieme il fera queftion de l'intervention ; enfin dans le quatrieme nous réunirons les divers moyens d'éclairer la religion des Juges, tels que les interrogatoires fur faits & articles, les compulfoires, reconnoiffances & vérifications d'écriture, les enquêtes, les defcentes fur les lieux, les vifites d'Experts & autres objets acceffoires.

CHAPITRE PREMIER.

Des Exceptions Declinatoires.

L'ORDRE public & l'intérêt des plaideurs exigent que la compétence de chaque Tribunal soit bien déterminée, & qu'il ne soit point permis d'en enfreindre les limites. Mais en secondant les justes réclamations du Citoyen qui se voit distraire mal-à-propos du centre de ses affaires, il faut aussi réprimer les démarches vexatoires de ceux qui cherchent qu'à abuser des ressources que la Loi leur présente. On s'efforcera d'atteindre également l'un & l'autre but dans ce Chapitre, qui est bien plus important que ne se l'imagineront peut-être beaucoup de personnes peu versées dans cette matiere, & qui ignorent quelle multitude de petits procès font naître les exceptions déclinatoires.

ART. PREMIER.

Que le Tribunal du lieu où sera domicilié le défendeur originaire, ou bien où sera situé l'immeuble qui fera l'objet de la contestation, ou bien où aura été domicilié celui de la succession ou de l'exécution du testament duquel il s'agira, ou enfin qui aura été choisi par les parties dans le contrat * qu'elles auront fait ensemble, puisse

---

* Il est intéressant pour le commerce, que des Parties qui contractent ensemble puissent convenir du Tribunal où elles porteront

ſeul connoître d'une cauſe ou inſtance , lorſque d'ailleurs l'objet du procès ſera de ſa compétence.

A R T. I I.

Qu'il ſoit expreſſément défendu à tous Juges , de quelques Tribunaux que ce ſoit , de retenir aucune cauſe , inſtance ou procès dont la connoiſſance ne leur appaitient ; mais qu'il leur ſoit enjoint de renvoyer les parties devant les Juges qui en doivent connoître, ou d'ordonner qu'elles ſe pourvoiront, à peine de nullité des jugemens & de *ſix cens livres d'amende*, applicable, moitié à la caiſſe des ſecours ou aumônes , & l'autre moitié à la partie qui le requerra.

Des amendes pour contenir les Juges dans leur devoir ! Oui , des amendes & des amendes conſidérables ; voila le ſeul moyen de réprimer ce deſir effréné de domination qui toujours a tourmenté & tourmentera toujours tous les hommes & par conſéquent les Juges. Quoi de plus ſcandaleux, quoi de plus ruineux pour les plaideurs que ces conflits de juriſdiction qu'on voit s'élever ſans ceſſe entre les Tribunaux ! quoi de plus bizarre & de plus révoltant que ces arrêts de diverſes Cours, qui ſe caſſent réciproquement & défendent à tous Huiſſiers, Cavaliers de Maréchauſſée &c. *ſous peine de priſon*, de les mettre à exécution ! Magiſtrats, qui voulez tant qu'on vous reſpecte , reſpectez vous donc vous mêmes , & ne forcez pas le Public , témoin de tant de ſçenes, ridicules, à partager le mépris, que vous vous témoignez les uns aux autres avec tant d'éclat.

---

les conteſtations qui pourront s'élever entre elles, relativement à l'exécution de leurs engagemens ; autrement deux Citoyens de Provinces différentes ne traiteront entre eux qu'à des conditions infiniment onéreuſes pour celui qui aura beſoin du ſecours de l'autre. » Je ne veux point m'expoſer à avoir un procès ſi loin de moi , » dit-on, tous les jours.

Art. III.

Que fous peine de nullité des Jugemens & de fix cens livres d'amende, applicable comme deffus, il foit défendu à tous Juges d'évoquer les caufes inftances & procès peudans aux fièges inférieurs, fous prétexte d'appel ou de connexité, fi ce n'eft pour juger définitivement en l'Audience & fur le champ par un feul & même jugement.

Une caufe doit être cenfée jugée fnr le champ, lorfqu'elle l'eft après un délibéré fur le champ.

Art. IV.

Lorfqu'une partie prétendra avoir été affignée devant un Juge incompétent, qu'elle demande fon renvoi devant celui qu'elle croira compétent par un acte qu'elle fera fignifier au demandeur, du domicile qu'il aura élu par l'exploit d'affignation, dans les trois jours à compter de celui où fera expiré le délai de ladite affignation ; fi le demandeur confent au renvoi, confentement qu'il pourra donner, foit au bas de l'acte qui lui fera fignifié, ou par un acte féparé, alors fans qu'il foit befoin d'autre exploit que l'affignation foit cenfée donnée devant le nouveau Juge le jour où ce confentement aura été déclaré, & qu'en conféquence les délais de l'affignation commencent à courir de ce jour; fi au contraire le demandeur garde le filence ou refufe de confentir au renvoi, que le lendemain de la fignification de l'acte dé-

clinatoire , l'affigné puiffe faire infcrire la caufe
fur le rôle de l'audience des inftructions pour y
être plaidée à fon tour, relativement feulement
au déclinatoire , & que cependant l'inftruction &
le jugement du fond foient fufpendus.

Art. V.

Que celui qui aura procédé fur le fond de la
conteftation ou qui aura laiffé infcrire la caufe fur
un des rôles ordinaires , fans avoir propofé d'exception déclinatoire , ne puiffe plus demander fon
renvoi devant un autre Juge.

Art. VI.

Que celui qui fuccombera fur une demande
en renvoi devant d'autres Juges , foit condamné
en 50 livres d'amende applicable moitié à l'autre
partie & moitié à la caiffe des fecours ou aumônes.

On ne fauroit être trop févere à l'égard des plaideurs qui ne
cherchent qu'à incidenter. Ce font les incidens , qui éternifent
les procès, & qui en multiplient fi prodigieufement les frais.

Art. VII.

Que celui qui aura été condamné par défaut
par un Tribunal qu'il prétendra être incompétent,
puiffe , en formant oppofition à la fentence dans
le délai prefcrit relativement aux autres fentences
par défaut , demander fon renvoi devant un autre

Juge, en fe conformant à ce qui eft prefcrit par l'article précédent.

A r t. V I I I.

Que celui qui voudra iuterjetter appel de déni de renvoi ou de Juge incompétent, foit tenu préalablement de configner une amende de 75 livres; qu'il préfente aux Avocats-Généraux de la Cour dont relevera le premier Tribunal , une requête fommaire d'appel à laquelle il annexera la quittance d'amende , laquelle requête fera par eux taxée à trois ou fix livres felon qu'ils l'eftimeront couvenable ; foit qu'elle ait été rédigée par la partie même ou par d'autres perfonnes. Si la requête eft rejettée, que l'appellant foit condamné en l'amende envers la caiffe des fecours ou aumônes ; fi au contraire la requête eft admife , qu'il foit permis à l'appellant d'intimer devant la Cour les Juges du premier Tribunal & la partie adverfe, pourvu que lors de la demande en renvoi elle n'ait point déclaré s'en rapporter purement & fimplement à la prudence dudit Tribunal, auquel cas elle ne pourra être intimée. Si en définitif l'appel de déni de renvoi eft admis, c'eft-à dire, fi le premier Tribunal eft déclaré incompétent, que l'amende foit rendue , & que les premiers Juges & autres parties intimées foient condamnés aux dépens envers l'appellant ; fi au contraire l'appel eft rejetté, que l'appellant foit condamné aux dépens envers les intimés , & en trois cens livres d'amende applicable un tiers à la caiffe des fecours ou aumônes, & les deux autres tiers aux intimés foit Juges ou autres. En cas d'appel de

Juge incompétent , lequel ne pourra être interjetté que lorfque le jugement aura été rendu par
défaut , que le demandeur ne foit point tenu de
comparoître fur l'appel , s'il ne veut ; & s'il ne
comparoit pas , qu'il ne foit prononcé aucune
condamnation de dépens contre lui , ni à fon profit.

A r t. I X.

Que les demandes en renvoi ni les appels de
deni de renvoi ou de Juge incompéient ne puiffent être réfervés , ni joints en principal , mais
qu'il y foit toujours préalablement fait droit *.

A r t. X.

Lorfque le Tribunal qu'on prétendra être incompétent , fera d'une autre efpece que celui devant
lequel on demandera à être renvoyé , par exemple ,
fi l'on a été affigné devant la Municipalité , dans
une matiere qui eft de la compétence du Bailliage , & qu'il foit intervenu une fentence par
défaut ou que le Tribunal n'ait eu aucun égard
au déclinatoire , en ce cas que celui qui voudra
interjetter appel , préfente fa requête à un Bureau
compofé des Officiers qui exerceront les fonctions
du Miniftere public dans les trois Tribunaux
Souverains de la Province , c'eft à-dire , dans la
Commiffion Intermédiaire Provinciale , dans la
Cour Souveraine de Juftice & dans la Chambre

---

* Ordonnance de 1667, tit. 6, art. 3.

Souveraine du Commerce. Si la requête eſt ad-
miſe, que ceux que l'arrêt ou déciſion de ce Bureau permettra d'intimer, ſoient aſſignés devant
une Chambre formée d'un nombre égal de Membres des trois Cours, & qu'au ſurplus ſoit obſervé
ce qui eſt indiqué dans les articles précédens.

Art. XI.

Dans le cas où une Cour Souveraine auroit
excédé les limites de ſa compétence, qu'on obſerve
ce qui eſt indiqué par l'article précédent; mais
que dans ce dernier cas, la Chambre ſoit compoſée
autant que faire ſe pourra de membres qui n'ayent
pas été juges de la conteſtation & que les amendes
ſoient doubles de ce qu'elles ſeront lorſqu'il s'agira
d'un ſimple appel de déni de renvoi ou de Juge
incompétent.

Si ces ſortes de conteſtations ſe portoient devant un Tribunal
particulier, il y auroit lieu de craindre qu'il ne fut trop favora-
ble aux Tribunaux de Juſtice, dont il ſera toujours eſſentiel de
modérer le pouvoir. Il eſt vrai qu'en ſuivant notre plan, il pourroit arriver que les Tribunaux Municipaux & ceux du commerce
ſe favoriſſaſſent au préjudice des Tribunaux juraux; mais ce
feroit un petit inconvénient qui, quoi qu'un peu nuiſible aux
gens de Loi, ne tourneroit qu'à l'avantage du Public, *pour le
ſervice & l'utilité duquel ſeul tous les Tribunaux & Officiers doivent être établis.*

❧

CHAP. II.

CHAPITRE II.

Des exceptions dilatoires.

FORCER une partie à se défendre sur le fond de la contestation aussitôt qu'elle est portée devant les Tribunaux ; ce seroit souvent une rigueur déplacée. Il est des cas où le législateur même le plus sévère ne peut se dispenser de suspendre en quelque sorte pour un tems le cours de la Justice. Une partie vient à décéder dans le cours d'une instance ; une personne est assignée lorsque sa qualité est encore indécise ; ou bien l'action qu'on exerce contre elle doit retomber totalement ou en partie sur d'autres qu'il est à propos par conséquent de mettre en cause. Ce sont les motifs d'autant d'exceptions dilatoires, qui feront l'objet de diverses sections. Dans la premiere, on exposera les regles qui peuvent s'appliquer à presque toutes ces exceptions.

R

SECTION PREMIERE.

Regles générales ſur les exceptions dilatoires.

ARTICLE PREMIER.

LORSQUE le défendeur aura pluſieurs exceptions dilatoires à propoſer, qu'il ſoit tenu de les propoſer toutes par un ſeul & même acte qu'il ſignifiera ou fera ſignifier (en la manière preſcrite pour les ſignifications qui ſe font dans le cours des inſtances) au demandeur, au plus tard dans les trois jours à compter de celui où écherra l'aſſignation, s'il s'agit d'une cauſe ordinaire, & dans le jour même s'il s'agit d'un proviſoire ; qu'il ne puiſſe faire valoir les exceptions qu'il aura omiſes, à moins que la cauſe n'en ſoit ſurvenue depuis la ſignification de l'acte qui contiendra les autres ; néanmoins, lorſqu'une des exceptions qu'on aura à propoſer réſultera du défaut de qualité actuelle, il ſuffira de la notifier ſeule*.

ART. II.

Si à l'inſtant même de la ſignification, dans le cas où la demande ſeroit proviſoire, ou dan,

---

* Ordonnance de 1667, tit. 9, art. 1 & 2.

les trois jours de ladite fignification dans les autres
cas, le demandeur ne déclare point qu'il défère
aux exceptions, que le jour même où le quatrième,
felon la diftinction que l'on vient de faire, le défendeur puiffe faire infcrire la caufe que fait naître
cet incident, pour être placée le jour même fur
le rôle des inftructions & être plaidée quand fon
tour viendra & que jufqu'à ce qu'elle ait été jugée,
l'inftruction & le jugement de la caufe principale
ou primitive demeurent fufpendus.

A R T I I I.

Si dans le cours de la plaidoyerie d'une caufe,
ou de l'inftruction d'une inftance ou procès par
écrit, naiffoit en faveur de l'une des parties quelque
exception dilatoire, que l'inftruction foit fufpendue,
mais fi elle étoit entièrement finie, que le jugement foit rendu, comme s'il n'étoit point furvenu
de caufe d'exception, fauf à ftatuer enfuite par un
autre jugement fur cette exception.

SECTION SECONDE.

Du cas où une partie vient à décéder dans le cours d'une instance, & de celui où une partie assignée n'a pas encore qualité pour défendre à une demande formée contre elle.

ART. PREMIER.

LORSQU'UNE partie viendra à décéder dans le cours d'une instance, que l'instruction soit suspendue jusqu'à ce que ses héritiers ou ayans cause, aient repris l'instance. Néanmoins si l'instruction étoit complette, que le jugement puisse être rendu nonobstant le décès.

ART. II.

Que l'instruction d'une cause ne soit censée complette, que lorsque le demandeur aura repliqué au défendeur, & que les Gens du Roi auront porté la parole, si la cause est de nature à leur être communiquée. A l'égard des instances ou procès par écrit, que l'instruction soit censée finie lorsque le demandeur aura répondu aux contredits du défendeur, soit que l'instance ait été communiquée ou non au ministere public. Que néanmoins dans le cas où le demandeur seroit décédé, après avoir parlé ou écrit le dernier, la cause ou instance puisse être jugée en l'état où elle se trouvera, si le défendeur le demande & consent de s'abstenir de répondre au demandeur ; pareillement dans le cas où le défendeur seroit décédé après avoir répondu au demandeur, que celui-ci puisse en s'abstenant de répliquer faire juger la cause ou instance dans l'état où elle se trouvera.

A R T. I I I.

Que le décès d'une partie puisse être déclaré de vive voix à l'audience, ou par un acte signifié à l'autre ou aux autres parties. Lorsque cette déclaration sera faite par un autre que le défenseur ou le fondé de pouvoir du défunt, qu'elle ne soit valable qu'autant qu'elle sera appuyée de pieces justificatives, ou que celui qui la fera donnera caution pour sûreté des dommages-intérêts auxquels ils sera condamné en cas de fausse déclaration.

A R T. I V.

Dans le cas où la partie décédée n'auroit aucun intérêt dans la cause ou instance, & n'y figureroit que pour entendre déclarer commun avec elle le jugement à intervenir, ou auroit déclaré s'en rapporter purement & simplement à la prudence du Tribunal, que son décès n'apporte aucun retard à l'instruction ni au jugement.

Art. V.

Lorſqu'une partie ſera décédée , que l'autre puiſſe aſſigner ſes héritiers en repriſe d'inſtance, ſans obtenir à cet effet aucun jugement ni commiſſion en quelque lieu que ces héritiers ſoient domiciliés ; que dans le jour ou les trois jours (ſelon la diſtinction faite précédemment) à compter du jour de l'expiration du délai de l'aſſignation en repriſe, la cauſe puiſſe être plaidée de nouveau, ou l'inſtruction de l'inſtance ou procès par écrit, repriſe en l'état où elle étoit, & continuée, ſoit que les aſſignés comparoiſſent ou non , ſans qu'il ſoit beſoin de leur faire aucune ſommation ou autre acte particulier.

Les actes de repriſe & les jugemens qui tiennent l'inſtance pour repriſe ne ſont utiles qu'ax Officiers de Juſtice ; à qui ils procurent des émolumens.

Atr. VI.

Lors qu'une partie aura été aſſignée en repriſe d'inſtance, ou en qualité de veuve ou d'héritier , d'une perſonne décédée dans le cours d'une inſtance ou avant quelle fût formée, ſi cette partie n'a point encore accepé la Communauté ou la ſucceſſion, & qu'elle ſoit encore dans les délais pour délibérer pu'elle ne puiſſe être contrainte de plaider ſur le fond avant l'expiration de ce délai , en ſignifiant toutesfois ou faiſant ſignifier cette exception au demandeur , comme il eſt preſcrit par l'article 1.

de la section précédente , & en se conformant à l'article 2 de cette même section , dans le cas où le demandeur refuseroit de déférer à l'exception proposée.

A R T. V I I.

Que la veuve ou l'héritier aient *deux* mois depuis le décès , pour faire inventaire , & *un* mois pour délibérer s'ils accepteront la communauté ou succession , ou s'ils y renonceront ; & si l'inventaire a été fait avant l'expiration des deux mois , que le délai d'un mois courre du jour que l'inventaire aura été parachevé.

L'Ordonnance de 1667, tit. 7 art. 1, accorde trois mois pour faire l'inventaire & 40 jours pour délibérer ; nous proposons d'abréger ces délais pour satisfaire un grand nombre de personnes qui se plaignent de leur longueur & voudroient même qu'o n supprimât la faculté de délibérer. Mais alors qu'arriveroit-il ? ou que la plupart des successions resteroient vacantes , ou qu'une foule de Citoyens honnêtes & rangés se verroient ruinés pour avoir accepté la succession d'un parent dont ils ignoroient la mauvaise conduite , car on sait que ce n'est souvent qu'à la mort d'un homme que se manifeste le dérangement de ses affaires. L'un & l'autre de ces inconvéniens ne pourroit qu'être infiniment préjudiciable à la société ; ainsi il nous semble nécessaire de conserver la faculté de délibérer , en en restraigant seulement la durée.

A R T. V I I I.

Que la partie qui aura été assignée comme veuve ou comme héritier , n'ait aucun nouveau délai, pour délibérer, si lors de l'échéance de l'assignation il y a plus d'un mois que l'inventaire a été fait en

fa préſence, ou en celle de ſon Procureur ou elle
eſt duëment appellée. *

A r t. IX.

Si au jour de l'échéance de l'aſſignation le délai
de deux mois étoit expiré ſans que l'aſſigné eut
fait faire inventaire, mais que le délai d'un mois
pour délibérer ne fût pas encore écoulé, qu'il ait le
reſte du dernier délai, ſoit pour procéder à l'inventaire, ou pour faire ſa déclaration qu'il renonce
à la ſucceſſion ou communauté; mais ſi ſes deux
délais étoient expirés, qu'il n'ait plus aucun tems
pour délibérer, ſoit que l'inventaire ſoit fait ou
non. **

A r t. X.

Si néanmoins il juſtifie que l'inventaire n'a pu être
fait dans les deux mois, parce qu'il n'a pas eu connoiſſance du décès du défunt, ou parce qu'il eſt
ſurvenu des oppoſitions, ou des conteſtations, ou
autres empêchemens, qu'il lui ſoit accordé un délai
convenable pour faire inventaire, & un mois pour
délibérer; le quel délai ſera reglé à l'Audience
des Inſtructions, où jamais aucune cauſe ne pourra
être appointée. ***

----

* Ord. 1667 tir. 7 art. 2.
** Ibid. art. 3.
*** Ibid. art. 4.

SECTION TROISIEME.

Des cas où il y a lieu de mettre en cause des garants ou autres personnes.

ARTICLE PREMIER.

LORSQU'UNE partie affignée prétendra avoir un recours quelconque à exercer contre quelqu'un, qu'elle puiffe le mettre en caufe fans aucune commiffion ou mandement de Juge, s'il demeure dans la province où fera établi le Tribunal.

ART. II.

Que le délai pour faire appeller cette perfonne en caufe foit de huitaine à compter du jour de la fignification de l'exploit du demandeur originaire & encore de tout le tems qui fera néceffaire pour appeller le garant, felon la diftance du lieu de fa demeure à raifon d'un jour pour dix lieues & autant pour retirer l'exploit *.

ART. III.

Qu'à l'exploit en garantie foit jointe la copie

* Ord. 1667 tit. 8 art. 2.

des pièces juſtificatives de la garantie, de l'exploit
du demandeur originaire & des autres pièces dont
il aura donné copie & qu'au ſurplus ſoit obſervé
tout ce qui eſt ordonné pour les ajournemens *.

A r t. I V.

Si le délai de l'aſſignation en garantie n'eſt point
échu en même-tems que celui de la demande originaire, que la cauſe ne puiſſe être enregiſtrée ſur
le regiſtre des inſcriptions, qu'après l'échéance
de ladite aſſignation, pourvu toutesfois que le
demandeur en garantie ait donné au demandeur
originaire copie de l'exploit de la demande en
garantie & des pièces juſtificatives.

Art. V.

Dans le cas où le demandeur originaire ſoutien-
droit qu'il n'y a lieu au délai pour appeller garant,
que l'incident ſoit jugé ſommairement en la maniere
indiquée par l'article 2 de la premiere ſection de
ce chapitre.

A r t. V I.

Qu'il n'y ait point d'autre délai d'amener garant,
en quelque matière que ce ſoit, ſous pretexte de
minorité ou autre, ſauf après le jugement de la
demande principale à pourſuivre les garans devant
leurs Juges naturels, néanmoins que dans le cas
où le demandeur en garantie auroit été aſſigné

____

* Ibid. art. 5.

en qualité de veuve ou d'héritier, le délai pour appeller garant ne commence à courir qu'après l'expiration du délai accordé pour délibérer *.

A r t. VII.

Que ceux qui feront affignés en garantie quelconque foient tenus de procéder en la Jurifdiction où la demande originaire fera pendante, encore qu'ils dénient être garants; cependant s'il paroît par écrit ou par l'évidence du fait que la demande originaire n'a été formée que pour traduire le garant hors de fa Jurifdiction, que les Juges foient tenus de renvoyer la caufe devant les Juges qui en doivent connoître & en cas de contravention, que les Juges puiffent être intimés & pris à partie * *.

A r t. VIII.

En garantie formelle, c'eft-à-dire, dans les cas où en définitif les condamnations doivent retomber entierement fur le garan, que les garans puiffent prendre le fait & caufe du garanti, lequel en ce cas fera mis hors de caufe, *foit qu'il le requiert ou non;* que néanmoins le garanti, ainfi mis hors de caufe, ait s'il le veut, la faculté d'y affifter pour la confervation de fes droits, *mais à fes dépens* *

---

* Ordonn. de 1667, art. 7, & 3.
** *Ibid.* art. 8.

A R T. IX.

Que les jugemens rendus contre les garants formels foient exécutoires contre les garantis, fauf pour les dépens, dommages & intérêts dont la liquidation & exécution ne fera faite que contre les garans & qu'il fuffife de fignifier le jugement aux garantis, foit qu'ils ayent été mis hors de caufe, ou qu'ils y ayent affifté, fans autre demande ni procédure. *.

A R T. X.

En garantie fimple, c'eft-à-dire, dans les cas où le garanti eft lui-même obligé perfonnellement, que le garant ne puiffe prendre le fait & caufe, mais feulement intervenir fi bon lui femble **.

A R T. XI.

Qu'il foit fait droit par un feul & même jugement fur la demande principale & fur celle en garantie.

A R T. XII.

Que les garants qui fuccomberont foient condamnés aux dépens de la demande en garantie & en outre à ceux de la demande principale mais feulement du jour de la   ……tion

---

* Ibid. art. 11.
** Ibid. art. 12.

de cette demande, & non à ceux qui auront été
faits auparavant, si ce n'est le cout de l'exploit
de demande originaire *.

ART. XIII.

Que les mêmes délais accordés pour appeller
le premier garant, le soient pour mettre en cause
le second & autres ; & s'il y a plusieurs garants
intéressés en la même garantie, qu'il n'y ait pour
tous qu'un seul délai qui sera reglé selon la demeure
du garant le plus éloigné. **.

CHAPITRE TROISIEME.

Des interventions.

IL arrive souvent qu'une partie qui n'a point
été appellée dans une contestation a intérêt d'y
prendre part ; il est juste par conséquent qu'elle
puisse y intervenir pour faire valoir ses droits que
souvent les deux autres parties méconnoissent &
quelquefois même cherchent à usurper ; ainsi

---

* Ord. de 1667, tit. 8, art. 13.
** Ibid. art. 15.

ART. PREMIER.

Qu'il foit permis à toute perfonne d'intervenir dans une caufe ou inftance en fefant fignifier ou fignifiant elle même aux autres parties un acte contenant les motifs de fon intervention, avec copie des titres fur lefquels elle eft fondée.

Cette fignification fe feroit de la même manière que les fignifications, qui ont lieu pendant le cours des inftances.

ART. II.

Que tout intervenant dont l'intervention fera rejettée foit condamné aux dépens envers toutes les parties & en outre en 50 liv. d'amende envers chacune d'elles. Que cette amende foit de 100 liv. dans les Cours, & que même, tant dans les Bailliages que dans les Cours, l'intervenant puiffe être condamné à une plus forte amende, s'il paroît n'avoir agi que dans la vue de vexer les autres parties.

CHAPITRE QUATRIEME

Des divers moyens d'éclairer la religion des Juges.

SI quelquefois les deux parties font de bonne foi & ne fe propofent que d'éclairer la Religion des Juges, il eft certain que plus fouvent l'une d'elles & quelquefois toutes les deux cherchent à la furprendre & l'on pourroit comparer un Tribunal devant lequel plaident deux parties à une fortereffe attaquée en même tems par deux armées ennemies qui s'en difputent la conquête. Il eft donc à propos que les Juges employent quelquefois d'office des moyens particuliers de découvrir la vérité. Ces moyens, ce font des interrogatoires, des compulfoires, des enquêtes, des defcentes & vifites. On va propofer quelques règles à cet égard & l'on indiquera en même tems celles qu'il eft à propos de fuivre dans les cas où les part'es elles-mêmes demandent qu'on employe ces moyens.

SECTION PREMIERE.

Des Interrogatoires.

ART. Ier.

QUE les Juges puiffent, après que les plaidoyeries des parties feront finies, les interroger en perfonne ou ordonner qu'elles feront interrogées enfemble ou féparément par l'un d'eux, fur-tout ce qui peut-être relatif à la conteftation pendante devant le Tribunal; & en cas d'abfence de la partie, que le Tribunal puiffe commettre l'un des Juges du Tribunal le plus voifin du lieu où elle demeure ou plutôt en ce dernier cas que l'interrogatoire foit fubi devant deux membres de la petite Municipalité affiftés du Secrétaire.

Art. II.

Que les parties puiſſent pareillement ſe faire interroger réciproquement en tout état de cauſe, ſur faits & articles pertinens, concernant ſeulement la matière dont eſt queſtion, pardevant l'un des Juges où le différend eſt pendant, & en cas d'abſence de la partie par le Juge qui ſera commis ſur les lieux où elle ſera, par le Tribunal; le tout ſans retardation de l'inſtruction & du jugement; qu'à cet effet la partie préſente au Tribunal une requête contenant ſommairement & ſans aucun préambule ni obſervation quelconque, les faits ſur leſquels elle deſire que l'autre partie ſoit inter-rogée & qu'au bas de cette requête le Préſident ou premier Officier du Tribunal indique celui par qui l'interrogatoire ſera fait.

Art. III.

Lorſqu'un interrogatoire aura été ordonné d'of-fice, que la partie qui doit le ſubir ſoit ajournée à la requête du Miniſtère Public, en la forme preſcrite pour les ajournemens, devant le Tribunal ou l'Officier par lui commis, aux jour, lieu & heure indiqués par le jugement ou ordonnance & qu'en tête de l'exploit ſoit donnée copie du juge-ment ou ordonnance, mais ſans aucune mention des faits qui doivent être l'objet de l'interro-gatoire.

Art. IV.

Lorſque l'interrogatoire aura été ordonné à la requête

requête d'une partie, que l'exploit soit donné au nom de cette partie & soit précédé de la copie de sa requête contenant les faits & articles, du jugement du Tribunal & de l'ordonnance du Juge commis à cet effet.

A R T. V.

Si la partie ne comparoit point aux jours & lieux qui seront assignés & ne fait point présenter d'exoine valable, ou fait refus de répondre, qu'il soit dressé un Procès-verbal sommaire, faisant mention de l'assignation & du refus ; & lorsque la partie aura été assignée en son propre & privé nom, que sur le Procès-verbal les faits soient tenus pour confessés & avérés, sans obtenir aucun Arrêt ou juge-ment *. Que néammoins dans le cas où la partie déclareroit les motifs de son refus, il ne puisse être statué sur ce refus que par le Tribunal entier qui aura ordonné l'interrogatoire.

A R T. V I.

Si cependant la partie se présente avant le juge-ment du procès, tant en premier qu'en dernier ressort, pour subir interrogatoire, qu'elle soit reçue à répon-dre, à la charge de payer les frais de l'interro-gatoire & d'en donner copie à l'autre partie, même de rembourser les frais du premier Procès-verbal, sans pouvoir les répéter & sans aucune retardation du jugement du procès **.

---

* Ordonnance de 1667, tit. 10, art. 4.
** Ibid. art. 5.

A R T. VII.

Que la partie réponde en personne & non par
Procureur ni par écrit & en cas de maladie ou
d'empêchement légitime, que le Juge se transporte en son domicile pour recevoir son interrogatoire *.

A R T. VIII.

Que le Juge, après avoir pris le serment de
la personne qu'il doit interroger, reçoive ses réponses sur chaque fait & article & *les lui fasse signer,
ou par son Conseil, en cas qu'elles ne sache ou ne
puisse signer* : qu'il puisse même d'office interroger
cette personne sur des faits dont il ne lui ait point
été donné copie, pourvu toutesfois que ces faits
aient quelque liaison avec ceux dont il a été donné
copie ; mais qu'en cherchant à découvrir la vérité,
le Juge s'abstienne de toute question captieuse qui
ne pourroit qu'égarer la personne interrogée &
la faire soupçonner d'avoir fait ce à quoi elle
n'a même jamais pensé **.

A R T. IX.

Que les réponses soient précises & pertinentes
sur chacun fait, & sans aucun terme injurieux
& calomnieux *** & que pour chaque réponse qui
se trouvera mensongère, la personne interrogée

---

* Ord. de 1667, tit. 10, art. 6.
** Ibid. art. 7.
*** Ibid. art. 8.

ſoit condamnée à 12 liv. d'amende applicable à la caiſſe des ſecours ou aumônes & même à une plus grande peine, ſelon la gravité de la faute.

A R T. X.

Que les chapitres, corps & communautés ſoient tenus de nommer un Syndic, Procureur ou Officier, pour répondre ſur les faits & articles qui leur auront été communiqués & à cette fin qu'ils paſſent un pouvoir ſpécial dans lequel les réponſes ſeront expliquée & affirmées véritables ; autrement, q e les faits ſoient tenus pour confeſſés & avérés, ſans préjudice de faire interroger les Syndics, Procureurs ou autres, qui ont agi par les ordres de la Communauté, ſur les faits qui les concernent en particulier, pour y avoir par le Juge tel égard que de raiſon *.

A R T. X I.

Que les interrogatoires, en cas qu'ils ne ſoient point faits gratuirement, ne ſe faſſent aux frais & dépens de ceux qui les auront requis, qu'autant qu'il n'en ſera reſulté aucune preuve nouvelle en leur faveur.

L'Ordonnance de 1667, veut que les frais des interrogatoires ſoient toujours à la charge de ceux qui les ont requis. Mais n'eſt-ce pas trop favoriſer les frippons ?

(*) Ordon. de 1667, tit. 10, art. 9.

SECTION DEUXIEME.

*Des compulsoires, reconnoissances & verification
d'écritures.*

ARTICLE PREMIER.

LORSQUE les Juges suspecteront la sincérité de
copies ou expéditions des pièces qui leur seront
représentées, qu'ils puissent ordonner le rapport
des originaux, & faire à cet égard ce que leur
prudence leur suggerera.

ART. II.

Lorsqu'une partie aura intérêt d'avoir copie d'une
pièce, & qu'on la lui refusera, qu'elle présente
aux Juges une requête très-sommaire tendante à
être autorisée à tirer copie de cette pièce en quelques mains qu'elle soit; qu'elle donne cette requête
au Conseiller-Secrétaire qui la remettra à celui
des Juges qui sera nommé par le Tribunal &
sur le rapport que celui-ci fera publiquement à
l'Audience, qu'il soit rendu jugement ou qui
rejette la requête, ou qui permette le compulsoire.
Si le compulsoire est permis, que tout dépositaire
de la pièce dont-il sera question, soit tenu d'en
donner ou laisser prendre copie; mais que cette
copie ne puisse faire foi que contre les personnes
en présence desquelles, ou lesquelles duement appel-
lées, elle aura été délivrée & collationnée.

Art. III.

Lorfque le compulfoire fera requis dans le cours d'une inftance, que la réquifition ne puiffe s'en faire qu'en vertu d'une requête ou acte fignifié aux autres parties, en la maniere prefcrite pour les fignifications dans le chapitre *des ajournemens* dans les autres cas; s'il y a lieu d'affigner pour être préfent au compulfoire, que l'affignation foit donnée en la forme ordinaire des ajournemens.

Art. IV.

Que les affignations pour affifter aux compulfoires, extraits & collations de pièces foient données à heure fixe au lieu du dépôt de la pièce, fi elle eft entre les mains d'un Officier public & au Greffe ou Secretariat du Tribunal le plus voifin, fi elle eft entre les mains d'une perfonne privée & que le procès-verbal de compulfoire & de collation ne puiffe être commencé qu'une heure après l'échéance de l'affignation, dans le cas où quelque partie aura été affignée pour y être préfente, dont mention fera faite dans le procès-verbal.

Art. V.

Si le dépofitaire de la pièce refufe d'en donner ou laiffer prendre copie, qu'il foit affigné fur le champ devant le Juge le plus prochain (par exemple, devant la petite Municipalité) qui ftatuera, s'il fe peut, à l'inflant même fur le refus, autrement renverra les parties devant le Tribunal qui aura ordonné le compulfoire.

S 3

A R T. V I.

Si la partie qui requiert le compulsoire ne comparoit point, ni personne pour elle, qu'elle soit condamnée à payer à celle qui aura comparu, pour ses dépens, dommages & intérêts la somme de *trente livres*, & les frais de son voyage ; s'il en échet, qui seront payés comme frais préjudiciaux.

L'Ord. de 1667 tit. 12, art. 3, accorde vingt livres.

A R T. V I I.

Qu'il ne soit plus procédé préalablement à la reconnoissance des actes sous seing-privé avant d'en pouvoir obtenir l'exécution, mais si celui par qui on prétend qu'ils ont été souscrits, ou son héritier ou ayant cause le nie, qu'il soit procédé sur le champ, ou le plutôt possible, à la vérification desdits actes, en présence de l'un des Juges du Tribunal ou la contestation sera pendante ; que pour faire cette vérification, chacune des parties nomme un Expert écrivain, sinon qu'il en soit nommé un par le Juge commis ; que la partie qui prétendra que l'acte est véritable puisse à l'appui de son assertion, produire telles pièces qu'elle croira convenables, & notamment des actes authentiques, & si celui à qui l'on attribue l'écriture ou signature est encore vivant, qu'il soit tenu de faire à deux ou trois séances différentes, deux ou trois corps d'écriture, en présence des Experts, du Juge & de l'autre partie, si elle veut y assister. Que celui

qui aura nié la vérité de l'écriture ou de la figna-
ture, foit condamné aux frais de la vérification,
& fi c'eft l'auteur même de l'acte, qu'il foit condamné en outre en deux cens livres d'amende,
applicable, moitié à l'autre partie & l'autre moitié
à la caiffe des fecours ou aumônes & qu'il foit
privé de tout office ou place de judicature ou de
municipalité & exclus de tout concours pendant
cinq ans ou au moins pendant deux ans ; & que
le demandeur ait hypotheque du jour du jugement qui aura ordonné la vérification.

SECTION TROISIEME.

Des Enquêtes.

A R T. Ier.

DANS les cas où il y aura lieu de faire des
enquêtes, (lefquels cas feront laiffés à la prudence
des Juges) que le même jugement qui les ordonnera, contienne les faits qui doivent faire l'objet
defdites enquêtes ; que chacune des parties indique,
au plus tard dans les trois jours, au Procureur ou
premier Avocat du Roi (ou Avocat ou Procureur
Général) les témoins qu'elle defire faire entendre ;
que ces témoins, ainfi que ceux qu'il plaira au
Miniftère public appeller, foient affignés à la
requête dudit Miniftère public au plus tard dans
les trois jours, lorfqu'ils demeureront dans la

Ville où est établi le Tribunal. Que ces témoins soient ajournés à jour, heure & lieu certains, qu'avant de faire leur déposition, ils soient introduits dans une salle particuliere où ils seront surveillés par un des Magistrats ; qu'ils soient appellés successivement à l'Audience (ou devant l'un des Juges, mais toujours en présence de l'un des Avocats ou Procureur du Roi, des parties & du Public) ; que le témoin déclare ses nom, surnom, âge, qualités & demeure ; qu'ensuite chacune des parties propose ses reproches, si elle en a à proposer ; qu'il y soit fait droit sur le champ, au moins provisoirement ; que le témoin fasse serment de dire vérité & que sa déposition soit reçue & écrite par le Conseiller-Secrétaire ou autre personne à ce commise qui prêtera serment à cet effet, que lecture soit faite au témoin de sa déposition, & qu'après y avoir fait les additions ou changemens qu'il jugera à propos, il la signe s'il sait & peut signer ainsi que les apostilles les renvois sinon, qu'il en soit fait mention & que ladite déposition soit signée par le Conseiller Secrétaire ou autre fesant les fonctions, & si la déposition n'est pas reçue à l'audience, qu'elle soit en outre signée par le Juge & l'Avocat du Roi en présence desquels elle aura été faite & par celles des parties qui seront présentes, ou leurs défenseurs.

Nous proposons de laisser à la prudence des Juges, les cas où il conviendra d'ordonner ou permettre des enquêtes, parce que nous pensons qu'il est impossible d'établir à cet égard aucune loi fixe & invariable qui ne soit susceptible d'inconvéniens beaucoup plus grands peut-être, que ceux auxquels on auroit cru remédier.

(273)

A r t. I I.

Si l'enquête a, été faite à l'Audience , que les
Juges puiffent fur le champ juger le fond de la
conteftation , ou accorder aux parties un bref délai
pendant lequel chacune d'elles poura prendre copie
de l'enquête, pour venir faire enfuite à l'audience ,
après ledit délai , telles obfervations qu'elle jugera
à propos.

Ce plan , comme on voit, difpenfe les parties 1°. des frais
d'un procès verbal de preftation de ferment. 2°. de la fignification des reproches. 3°. des frais d'une double enquête qui
d'ailleurs font fouvent fruftratoires, car il arrive quelquefois
que les deux parties font entendre les mêmes témoins, ce qui
forme un double emploi.

A r t. I I I.

Lorfque les témoins ou quelques-uns d'eux ne
demeureront point dans la Ville où eft établi le
Tribunal qui aura ordonné l'enquête , qu'ils foient
entendus publiquement devant deux Commiffaires
de la petite Municipalité du lieu où ils demeureront
ou féjourneront & que copie de l'enquête fignée
du Secrétaire de la petite Municipalité foit envoyée
au Confeiller-Secrétaire du Tribunal qui aura
ordonné l'enquête. Que les parties puiffent auffi ,
fi elles veulent, fe faire délivrer ou prendre copie
de ladite enquête. Lorfque l'enquête aura été
faite ainfi, qu'après la lecture qui fera faite à l'audience du Tribunal de Juftice, des noms, âges,
qualités & demeures des témoins, chaque partie
puiffe propofer fes reproches & qu'au furplus foit
obfervé ce qui eft indiqué ci-deffus.

A R T. I V.

Qu'à chaque témoin, qui le requerra, quelle que foit fa qualité, foient alloués pour fon falaire vingt fous feulement dont il donnera quittance & qui feront acquittés par celle des parties à la requête de qui le témoin aura été entendu, & par conféquent par le tréfor public, lorfque le témoin n'aura été entendu qu'à la requête du Miniftère Public.

A R T. V.

Lorfque l'enquête n'aura pas été faite uniquement dans le Tribunal faifi de la conteftation, que huitaine après le jour auquel aura pu être affigné le témoin le plus éloigné, s'il demeure dans la Province où eft ledit Tribunal, & quinzaine après, s'il demeure dans une autre Province, l'une des parties puiffe faire infcrire la caufe fur le rôle pour être plaidée & jugée en l'état où elle fe trouvera lorfque fon tour viendra.

A R T. V I.

Si l'enquête a été ordonnée dans le cours d'une inftance ou procès par écrit, que copie du procès verbal d'enquête foit remife au Confeiller Rapporteur par le Confeiller Secrétaire & que chacune des parties puiffe remettre à ce dernier des obfervations fommaires fur les dépofitions des témoins, après toutefois avoir donné copie de ces obfervations à fa partie adverfe ; que ces obfervations oient communiquées par le Confeiller Secrétaire,

d'abord au Miniftère Public & enfuite au Rapporteur. Dans le cas où l'une des parties auroit des
reproches à propofer contre quelqu'un des témoins,
qu'elle les indique fommairement à l'audience des
inftructions, en préfence de l'autre partie & du
Miniftère Public, avant de joindre au procès fes
obfervations fur les dépofitions. Que ces obfervations ne puiffent contenir copie de l'enquête ou
du moins qu'elles ne paffent en taxe que relativement aux reflexions qu'elles contiendront; que
cette taxe foit déterminée par le Rapporteur au
bas defdites obfervations, conformément d'ailleurs à ce qui a été indiqué précédement pour les
pieces d'écritures.

ART. VII.

Que les témoins foient tenus de comparoître à
l'heure de l'affignation (& au plus tard à l'heure
fuivante) à peine de dix livres d'amende, au
payement de laquelle ils feront contraints par
faifie & vente de leurs biens & non par empri-
fonnement, fi ce n'eft qu'il fut ordonné par le
Juge, ou les Commiffaires Municipaux, en cas
de manifefte défobéiffance; & que les ordonnances des Juges & Commiffaires foient exécutées
pour la peine de dix livres feulement, nonobftant
oppofitions ou appellations *.

ART. VIII.

Que les parens & alliés des parties jufques aux

---

* Ord, de 1667 tit. 22 art. 8.

enfans des coufins iffus de germain inclufivement
ne puiffent êtrè témoins (en matière civile) pour
dépofer en leur faveur ou contr'eux, & que leurs
dépofitions foient rejettées, * à moins qu'il ne
s'agiffe de prouver l'âge, l'état ou le décès de
quelqu'un, ou de vérifier un fait qui s'eft paffé
dans l'intérieur d'une famille, ou enfin de conftater des degrés de parenté.

Art. IX.

Qu'une partie ne puiffe faire ouïr plus de dix
témoins fur un fait, autrement qu'elle ne puiffe
prétendre le remboursfement des frais qu'elle aura
faits à cet égard, encore que tous les dépens
du procès lui foient adjugés en fin de caufe.

Art. X.

Que les Confeillers-Secrétaires ou autres qui
auront écrit l'enquête ne puiffent exiger aucun
falaire; que feulement dans le cas ou ils en déli-
vreroient des expéditions aux parties, ils puiffent
fe faire payer la fomme indiquée dans le tarif des
dépens pour les copies de pièces, & qu'ils ne
puiffent refufer aux parties la liberté d'en prendre
elles-mêmes copie.

Dans ce dernier cas on pourroit allouer au Confeiller-
Secréraire, ou a fon commis, un modique droit de préfence,
par exemple 1 liv. 10 f. par heure,

* *Ibid.* art. 11.

ART. XI.

Si l'enquête est déclarée nulle, qu'il en soir fait une nouvelle aux dépens de celui (Juge ou partie) par la faute duquel la premiere sera nulle, & que les mêmes témoins puissent y être entendus.

ART. XII.

Qu'après avoir entendu les dépositions des témoins les Juges prononcent ce que leur prudence leur suggerera.

Il est plus facile de corrompre des témoins que des Juges, & par conséquent il vaut mieux s'en rapporter à ceux-ci qu'aux premiers. D'ailleurs ces Juges seront surveillés par le Public qui aura entendu les dépositions ; ainsi il y a lieu de croire qu'en leur laissant toute liberté d'apprécier le mérite de l'enquête, ils rendront un jugement plus équitable que si on les astreignoit à ne faire autre chose que recueillir les dépositions & en présenter le résultat numérique.

SECTION QUATRIEME.

Des Descentes & Visites.

ARTICLE PREMIER.

QUE les Juges puissent ordonner & faire descente sur les lieux, toutes les fois qu'ils le jugeront à propos que cette descente soit faite sans frais, sauf

néanmoins, dans le cas de tranfport hors de la
Ville, au Juge - Commiffaire à fe faire payer le
coût de la voiture feulement par le tréfor public,
lorfque la defcente aura été ordonnée d'Office,
& par les parties, lorfqu'elle aura été ordonnée
à leur requête ; fi la defcente n'a été requife que
par l'une des parties que le coût de la voiture
foit avancé par elle, fauf à répeter contre celle
qui fuccombera ; & que le Commiffaire foit pendant fon voyage réputé préfent aux audiences,
& jouiffe en conféquence des rétributions jour-
nalières.

ART. II.

Que le Juge qui fera commis pour faire la
defcente foit nommé *par le Tribunal*, & choifi
parmi ceux qui auront affifté au jugement qui
aura ordonné la defcente, mais que ce ne puiffe
jamais être le Rapporteur du procès, fauf à celui-
ci, ainfi qu'aux autres Juges, à faire à fes frais
pour fon inftruction, telle vifite des lieux qu'il lui
plaira, en évitant toutesfois de donner à connoître qu'il eft le Rapporteur.

ART. III.

Lorfque les defcentes n'auront point été ordonnées
d'office, que les Commiffaires ne puiffent les faire
fans la réquifition de l'une des parties, & que la
partie requérante foit tenue de configner les frais
de tranfport indiqués ci-deffus.

A r t. IV.

Que le jugement qui ordonnera la defcente, &
la requête, portant réquifition pour y procéder,
dans le cas où il en fera fait une, foient remis
au Commiffaire qui indiquera un jour, heure &
lieu certains pour s'y trouver; que cette indication
foit notifiée par ordre du Commiffaire aux parties
à leur domicile élu pour les fignifications. avec
invitation de s'y trouver, fi bon leur femble; que
cette notification foit faite huit jours d'avance,
lorfque la defcente devra être faite à plus de dix
lieues de diftance de la ville où eft le Tribunal
qui l'aura ordonnée, que le Commiffaire foit tenu
de partir dans quinzaine de la réquifition, autrement qu'il en foit fubrogé un autre en fa place;
lorfque la vifite aura été ordonnée d'office. que
le Commiffaire foit tenu de partir dans quinzaine
du Jugement qui l'aura nommé.

A r t. V.

Faute par le Commiffaire d'exécuter ce qui eft
prefcrit par l'article précédent, qu'il (ou plutôt
le Tribunal) puiffe y être contraint par les voyes
indiquées précédemment, relativement aux rapports des caufes mifes en délibéré ou appointées.

A r t. V I.

S'il y a des caufes de récufation contre le Commiffaire, qu'elles foient propofées par un acte très-
fommaire trois jours avant fon départ, dans le

cas où ce départ aura été notifié huit jours auparavant ; autrement qu'il soit paſſé outre par le
Commiſſaire, & que ce qui ſera fait & ordonné
ſoit exécuté nonobſtant oppoſitions ou appellations, priſes à partie & récuſations, même pour
cauſes ſurvenues depuis, ſauf à y faire droit,
après le retour du Commiſſaire ; dans le cas où
le départ n'aura pas été notifié huit jours auparavant, que les cauſes de récuſation puiſſent être
valablement propoſées le jour même du départ.
Que les cauſes de récuſation ſoient notifiées au
Juge & aux parties intéreſſées, & ſur le refus d'y
déférer, que le récuſant puiſſe dans le jour même
ſe pourvoir à l'audience des inſtructions. Qu'il en
ſoit de même, dans tous les cas où il y aura lieu de
récuſer des Juges ou des Experts.

Nous n'indiquerons point ici les cauſes de récuſation, parce
qu'il nous ſemble qu'elles doivent plutôt trouver leur place
dans un traité de droit que dans un plan de procédure.

Art VII.

Que les jugemens qui ordonneront que les lieux
& ouvrages ſeront vus, viſités, toiſés ou eſtimés
par experts, faſſent mention expreſſe des faits ſur
leſquels les rapports doivent être faits, & que pour
l'exécution dudit jugement les parties ſoient renvoyées devant les petites Municipalités.

Les formalités qu'il y aura lieu d'obſerver dans les diverſes
affaires dont nous propoſons d'attribuer la connoiſſance, ou
même la geſtion aux petites Municipalités, pourront faire
l'objet d'un traité particulier où (ſi nous l'entreprenons) nous
raſſemblerons tout ce qui concerne les nominations de tuteurs,
curateurs, experts, &c. les redditions de compte, les récep-

tions

tions de caution , les liquidations de fruits , l'enthérinement
des rapports , la rédaction des divers contrats , les ventes de
meubles & même d'immeubles , & par conféquent les fi
fameufes faifies réelles , &c. , &c. , &c. Enfin , prefque tout
ce qui mine fourdement la fortune des Citoyens , même les
plus pacifiques.

A r t. V I I I.

Que les procès-verbaux de defcente des Juges ,
& ceux de vifite d'Experts , foient réunis au Con-
feiller-Sécretaire du Tribunal qui les aura ordon-
nés , que les parties puiffent , fi elles le veulent,
s'en faire délivrer ou en prendre copie , & que
trois jours après l'audience puiffe être indiquée par
les Juges , ou requife par l'une des Parties. Si la
caufe étoit mife en délibéré ou appointée , que le
rapport en foit fufpendu pendant huitaine , pendant
laquelle chacune des parties pourra remettre au
Confeiller-Secrétaire telles obfervations qu'elle
jugera à propos , après toutefois en avoir donné
copie à fa partie adverfe.

Fin de la feconde Partie.

TABLE

DES CHAPITRES,

Sections & Paragraphes contenus dans cet Ouvrage.

CHAPITRE PRÉLIMINAIRE.

PREMIERE PARTIE.

APPENDICE.

SECONDE PARTIE.

APPENDICE.

Fin de la Table.